クラシック音楽とは何か

はじめに

「趣味を極める」という言い方がある。その代表的な対象はといえば、例えばワイン（あるいは日本酒）、蘭の栽培、切手やコインや美術の蒐集などだろうか。これらに共通するのはコレクション性の高さ（多様さ）、そして「極める」には膨大な手間暇がかかるという点だろう。蒐集自体に半端ではない時間がいるということ。だが単に集めるだけではだめで、集めてものを丁寧に自分なりに整理する必要があるということ。集めるにあたっては、それなりの一貫性、つまり「趣味＝センス」が問われるということ。そしてそのためには、対象についての相当に深い知識が必要だということ。何をどう集めるかを通して、その人の見識のみならず、自ずと人となりが滲み出てくるということ。「趣味を極める」

には「暇（と金）」があるだけではだめで、相応の「手間」、すなわち探求心と根気のようなものが必須なのである。音楽を美術品のような意味で蒐集所有することは出来ないにせよ、自分の記憶の中に整理棚のようなものを作って、そこに自分がこれまでに聴いたものをあれこれ並べて、自分だけの空想の博物館を一生かけて構想していく楽しみは変わるまい。もちろん「聴いてその時に楽しければいい音楽」というものもあるし、こうした消費的な音楽がもつ「束の間の喜び」を否定する気はない。だが他方、一種のコレクション性を暗黙裡に求めている音楽ジャンルもあるわけで、クラシックはジャズと並んでその代表格だと言っていいだろう。

　今日のわたしたちにとって、「趣味を極める」ための悠長で贅沢な時間を見つけることは、加速度的に難しくなっている。こうも日常が何かに急き立てられるような息苦しいものになってくると、難しいことは言わずとも、単なる「気晴らし＝リクリエーション」であればそれでいいという気にもなってくる。しかしリクリエーションと趣味とは、似て非なるものだということを忘れたくはない。リクリエーションとは実は、明日の労働のために必要な気力体力を再び回復＝リ・クリエーションするための時間なのであって、その意味では労働サイクルの一部なのだ。労働する者はきちんと余暇に「気晴らし」ないし「憂さ晴らし」をしておいて、明日に備える義務があるのである。

そこに行くとクラシック音楽は、幸か不幸か、リ・クリエーションにはまったく向いていない。そもそもそれはもっと時間がゆったり流れていた時代に作られた音楽であって、クラシック音楽の多くが時間をかけすぎるくらいかけて悠然と流れていくのは、そのせいだ。しかも音楽自体が長いというだけではない。それを存分に味わうには、なんだかんだと知識が必要ときている。作曲家の名前、作品の名前、作られた時代とその背景等々——ただ受け身で響きに身を任せるというわけにはいかない。聴く側が能動的になる必要がある。音楽を集中して聴き、それについて積極的に勉強する探求心がいる。「敷居が高い」という印象をクラシックが与えるとすれば、それはこのせいだ。聴いてすぐ楽しめるというわけにはいかないのである。本当はいったんある程度の要領さえわかれば、こんなに面白い音楽ジャンルはそうそうないのだが。

「要領がわかる」――どんな趣味でもそうかもしれないが、クラシック音楽の敷居をまたぐとき一番難しいのはこれだ。つまりジャンルに既になじんでいる人々にとっては今さら説明の必要もないのだが、しかし部外者にとってはどうにも要領を得ない、そういう死角のようなものが色々とあるのである。本文中でも書いたが、例えば私自身かつて、どうしてクラシックの交響曲だのピアノ・ソナタだのには「楽章」などというものがあるのか、よくわからなかった。一つの曲（例えば「ベートーヴェンの交響曲第五番」など）のはずなのに、どうしてそれが四つの曲（楽章）から出来ているのか。おまけにその「四つの曲」を、どうして第一楽章の次は第二楽章、その次は第三楽章という具合に、順番通りに聴かなければいけないのか。ジャンル通にとっては自明すぎるがゆえに、逆に口に出して自覚的に説明することが難しく、そして門外漢はまさにそこが要領を得ないせいで、いつまでたってもジャンルの中に入っていけない、そして門外漢が「どうして？」と問うても、通の側からすれば「だって当たり前でしょ」ということになってしまう――「死角」とはそういうものである

本書で私は、外から見た時のクラシック音楽のこうした死角を、色々と考えてみた。自分にとってはあまりに自明なことを、人はなかなか自覚できない。ましてその根拠を説明することはとても難しい。だが何かの本質とは実は、まさにこの死角においてこそ、最も端的な形であらわれてくる。その意味で本書は、「一体クラシック音楽とは何なのか」という難問に対する、私なりの答えの模索の試みでもある。

クラシック音楽とは何か――目次

「クラシック音楽」の黄金時代は一九世紀

クラシック音楽はなにかと敷居が高い。かなりの「通（つう）」になるには、それなりの手間と時間と、そして金がかかる。それは確かだ。その意味でクラシック音楽は歌舞伎とかワインとかジャズの世界に似ている。ただ楽しければいい、楽しめばいいという考え方もあるだろうが、それだとなかなか「道」に奥深く入っていくことは難しい。しかしクラシックにしろ、ジャズにしろ、ワインにしろ、歌舞伎にしろ、その道の「通」同士が侃々諤々（かんかんがくがく）と議論しているのを見ると、何をそんなに熱くなっているのかさっぱりわからず、次から次へ知らない名前が出てくるので、その蘊蓄（うんちく）会話にうんざりしてくることも多い。入門書のようなものを見ても、やはり人名や作品名がずらずら並べられていて、これまた頭が痛くなってきた経験のある人もいるだろう。ある程度道筋が見えたら、こんなに奥深くて面白い音楽ジャンルもそうないのだが。

まずはクラシック音楽のなにがそんなに「難しい」のか考えてみる。思うに主な理由は三つある。一つはクラシックがヨーロッパの宮廷社会にルーツを持っている点。フランス料理なども同じだが、宮廷起源の文化というのは格調高いといえば聞こえはいいが、色々としきたりがあって一見さんは入りにくくしてあるものだ。二つめの理由は構成の複雑さ。ポピュラー系の音楽と違ってクラシックは、規模も大きいしハーモニーや形式や音色が桁外れに凝っている。お気に入りの曲をすぐ鼻歌で歌うというようなわけには、なかなかいかない。そして三つめの理由として、レパートリーの問題がある。能や歌舞伎もそうだが、クラシックには「レパートリー」というものが存在している。これを押さえておかないと、なかなか知識が深まっていかないのだ。

クラシックのCDには必ず、作曲者と曲目と演奏者が表示してある。これは他の音楽ジャンルには見当たらないクラシックの特徴だ。「ベートーヴェン：交響曲第五番《運命》、カルロス・クライバー指揮、ウィーン・フィルハーモニー」といった具合である。もちろんベートーヴェンが誰で、クライバーが誰かも知らず聴いて、「おお！　これはすごい！」となることだってあるだろう（確かにこの録音はそうなる可能性が極めて高い圧倒的なものだが）。それはそれでいい。しかし知識が深まるには、ベートーヴェンとは誰で、その交響曲第五番は一般にどのような作品と思われていて、他のレパートリー（例えばベートーヴェンの他の交響曲だとか、あるいはブラームスといった他の作曲家の交響曲だとか）とどのような関係があるか云々といったイメージが分かっている必要があるのだ。歌舞伎などもそうなのであろうが、「通」たちはこうしたレパートリーについてのイメージを共有しておいて、その前提のうえで演奏をあれこれ評価する。「まさにイメージ通りだ！」ということもあるだろうし、「イメージとは少し違うが、こういう『すかした』イメージもありだ」などといった聴き方をしているのである。

言うまでもなくクラシックとは、ヨーロッパの古典音楽のことである。だがヨーロッパの古典的な音楽なら何でも「クラシック」になるかといえば、決してそんなことはない。誰も明言しないが、実は一般にクラシックと呼ばれているジャンルは、西洋の音楽史のかなり限られた時代に作られた音楽を指す。要するに一八世紀前半から二〇世紀初頭までに作曲された音楽のうちの一部が、「クラシック」のレパートリーになっているのである。バッハもモーツァルトもベートーヴェンも、ブラームスもワーグナーもマーラーも、ドビュッシーもラヴェルもストラヴィンスキーも、皆この二〇〇年弱の時代の中にすっぽり入っているのだ。対するにルネサンスにも素晴らしい作曲家は多くいたが、彼らの作品は決してクラシックのレパートリーには含まれない。アメリカの前衛作曲家ジョン・ケージ（一九一二～九二年）の作品なども、今や成立から半世紀以上経ってお り、もはや古典＝クラシックと見做してもいいように思うが、いまだに誰もそれをクラシックのレパートリーとはしない。なぜこのようなことになるのか、色々理由はあろうし、それについては追って説明するが、とにかくそうなっているのである。「クラシック音楽」とは、一八世紀前半から二〇世紀初頭にかけてヨーロッパで作曲された、名作レパートリーをその本体としているのである。

　今私は、クラシックのレパートリーの本体は一八世紀前半から二〇世紀初頭だと言った。その中でもいわば「本丸中の本丸」に当たるのは、一九世紀である。前世紀末に産業革命とフランス革命が起こり、近代的な社会の仕組みが整えられ、徐々に資本が蓄積され、科学技術が発達し、やがてヨーロッパ列強が世界の政治、経済、文化の覇権を握って帝国主義の時代となり、そして一九一四年から始まる第一次世界大戦でそれがいわば自壊する、あの時代がクラシック音楽の黄金時代であった。ベートーヴェンの第九交響曲が作られたのも、ショパンがパリの淑女たちをうっとりさせたのも、人々がこぞってヨハン・シュトラウス二世のワルツに熱狂したのも、ワーグナーがバイエルン国王のルートヴィッヒ二世に金を出させてバイロイトに劇場を建てさせたのも、ドヴォルザークがアメリカに招待されて《新世界》交響曲を書いたのも、すべてこの時代のことなのだ。

　周知のように一九世紀において、ヨーロッパ列強は世界中を欧化して回った。明治維新のようなことが、世界中で起きていたのである。音楽においても彼らは、例えばキューバやメキシコやアルゼンチンやベトナムにまでオペラ劇場を建てて回り、欧化政策に熱心だったエジプトやトルコは、自分たちでオペラ劇場を建設した。ヴェルディのオペラ《アイーダ》は、スエズ運河の開通を記念して、エジプト政府が作曲を依頼したものだった（カイロ初演は一八七一年）。西洋音楽を日本に移植し、学校唱歌を通して広めるべく、いわゆる音楽取調掛（とりしらべがかり）（東京藝術大学の前身）が設立されたのも、だいたい同じ時代、一八七九年のことである。そしてもう少し後になると、取調掛は東京音楽学校と改称され、ドイツからピアノやヴァイオリンなどの御雇（おやとい）外国人教師を呼び、日本人でもバッハやベートーヴェンが弾けることを対外的に示すことで、「文明国家」の証（あかし）としようとした。こんなふうにして一九世紀を通し、ヨーロッパの音楽——クラシック音楽——が世界中に広まっていったのである。

　もう一度念を押しておこう。「クラシック音楽」とは一八世紀前半から二〇世紀初頭、わけても一九世紀に作曲されたヨーロッパ音楽の名作レパートリーのことである。この時代のヨーロッパの歴史の大きな流れの中で、ある程度作曲家の名前が体系的に頭に入ってくると、クラシック音楽の聴き方がぐんと楽しくなるはずである。

音楽史の流れ――ウィーン古典派まで

私たちが「クラシック音楽」と呼んでいるものは、一八世紀前半から二〇世紀初頭、わけても一九世紀に作曲されたヨーロッパ音楽の名作レパートリーのことである。では「その前」は一体どうなっているのか？　一応ここでヨーロッパの音楽史の流れを、少し時代順に追っていこう。

まず「中世」（およそ九世紀から一四世紀くらいまで）、次に「ルネサンス」（一五～一六世紀）が来る。なぜかこの二つのエポックは「クラシック」には分類されない。「古楽」と呼ばれる。これには理由があって、この時代の楽譜や楽器や編成などは、その後とまるで違っていて、分からないことが多い。ヴィオラ・ダ・ガンバとかヴァージナルといった、その後、姿を消してしまった楽器も多い。だから演奏するためには、いわば考古学的な復元作業がいろいろと必要なのである。

レパートリーというものを料理に喩(たと)えてみる。いつでもどこでも食材が手に入るものでなければ、なかなか「定番メニュー」にはならない。材料は誰でも入手できるからこそ、それを使ってめいめいが思い思いに自分の腕を見せるということが可能になる。「レパートリー」とはそういうものである。特殊な食材や調理道具が必要なものは、定番にはならないのだ。グランド・ピアノやオーケストラといった「材料／道具」は、世界中のほぼすべてのホールにいわば備え付けてあるが、中世音楽の再現復元に必要な楽器はそうはいかないのである。

この意味でルネサンスの次に来る「バロック」は、まさに古楽からクラシックの時代への過渡期である。このバロック時代は、およそ一七世紀から一八世紀前半と言っていいだろうが、太陽王ルイ一四世に象徴されるような、いわゆる絶対王政の時代である。そしてバロックの後半（一八世紀に入ってから）になってようやく、私たちになじみのある「クラシック」の大作曲家が登場し始める。ヴィヴァルディ、ヘンデル、スカルラッティ、そして何よりバッハといった人々である。

バロックが過渡期的だというのは、次のような意味においてである。つまり楽器編成やジャンルという点で、私たちになじみの「食材／道具」がかなり出そろってはくるが、それでもまだ今日では使われなくなったそれが色々と必要なのが、バロック音楽なのである。例えばオーケストラ編成はかなり現代のそれに近づいてくる。オペラやオラトリオが生まれるのもこの時期である。それでもオーボエ・ダモーレなど、その後消滅した楽器がまだ当時は使われていたし、トランペットやホルンやフルートも今日とはかなり違う形をしており（だから音色も相当違う）、ヴァイオリンの奏法も今とは違っていたから（ヴィブラートをほとんどかけない）、「材料調達」という点で、定番レパートリーとするにはかなり難があるのが、バロック音楽なのである。

その後の「クラシック音楽」にはあって、バロック時代にはまだ存在していないジャンルも多い。これはとても重要なことであるが、私たちにとっての「クラシック」の代名詞ともいえる交響曲が、バロック時代にはまだなかった。弦楽四重奏も独奏ソナタ（ピアノ・ソナタの類い）もリートも同様である。バッハが名手だったフーガという技法も、基本的にバロック固有のものである。逆に後のクラシック音楽の屋台骨を背負うことになるソナタ形式は、この時代にはまだ成立していなかった等々、「見知ったもの」と「見慣れないもの」が混在しているのが、このバロック時代なのだ。

楽器編成やジャンルの点でヨーロッパの音楽がほぼ今の「クラシック」の形になるのが、いわゆる「ウィーン古典派」の時代である。それが正確にいつごろからいつごろまでかを特定するのは難しいし、あまり意味もないと思われるが、おおまかに一八世紀後半から一九世紀初頭くらいまでとしておこう。この時代を代表するのが、いずれもウィーンで活躍した、ハイドン、モーツァルト、ベートーヴェンの三人である。もう彼らの作品になると、今と完全に同じ楽器編成となる。ピアノもあるし（バロック時代にはチェンバロとオルガンしかなかった）、オーケストラ編成も今日とまったく同じだ。特殊な楽器などというものは必要としない。弦楽五部（第一および第二ヴァイオリン、ヴィオラ、チェロ、コントラバス）、木管はフルートとオーボエとファゴット（時にクラリネット）、金管はトランペットとホルン（時にトロンボーン）、そしてティンパニーである。

だが何より重要なのは、この三人によって交響曲のジャンルが確立されたことであろう。そして弦楽四重奏や独奏ソナタもまた、彼らの時代から本格的にスタートした。その後百余年続くことになるクラシックの黄金時代の中心ジャンルも楽器編成も、すべてウィーン古典派の時代に基礎が出来たのであって、それに基づいて一九世紀ロマン派の百花繚乱(りょうらん)の時代となったのである。

そしてあと一つ。ウィーン古典派の時代にほぼ基礎ができたと言っていいものに、「コンサート」という制度がある。面白いことに、バロック時代にはコンサートというものもまた、存在していなかった。しかるべき音楽を聴こうと思えば、宮廷か教会くらいしかなかったのである。バッハが活動していたライプツィヒは自治都市だったので(つまり王様や貴族がいなかったので)、市民の音楽活動が盛んであり、コーヒー店でバッハの曲を演奏したりもしていたようだが、こういうものは原則として例外なのだ。

音楽などという贅沢(ぜいたく)品を享受できるのは、当時はまだ王侯貴族に限られていて、彼らは晩餐会(ばんさんかい)とか舞踏会とかお茶会とか、場合によっては花火大会や舟遊びとか(ヘンデルの有名な《王宮の花火の音楽》と《水上の音楽》はこうした目的で書かれた)のＢＧＭとして、音楽を楽しんでいた。当時はまだ、コンサートホールの聴衆のように、音楽「だけ」に耳を傾けることを楽しむ習慣は、なかったのである。

切符を買えば音楽が聴けるコンサートという催しが最初に行われたのはイギリスである。考えてみたらコンサートというのは、音楽を資本主義的な「商品」として売り出す仕組みであるから、それが産業革命発祥の地で生まれたというのは不思議ではない。わけても有名なのは、ザロモンという興行師が大陸からハイドンを招待してロンドンで行った、一七九一〜九二年および一七九四〜九五年のコンサートである。これは一般にチケットを売り出して行う「コンサート」なる催しの最初の本格的な例の一つであり、ハイドンがこのコンサートの目玉として作曲したのが、第九三番から第一〇四番までの交響曲であった。

このように「クラシック音楽」とは、ウィーン古典派の時代に確立された「コンサートホールで聴く音楽」であって、その中心ソフトが交響曲だったのである。

ロマン派は自己表現する

私たちがふだん「クラシック」と呼んでいる音楽は、大きく三つの時代に分けられる。まず最初がバロック。これはクラシック音楽史のイントロのようなもので、一八世紀前半まで（「イントロ」と呼ぶ理由は後で説明する）。バッハやヘンデルやヴィヴァルディがここに入る。次に来るのが一八世紀後半からのウィーン古典派の時代。これはハイドン、モーツァルト、ベートーヴェンに代表され、クラシック音楽の時代がここから本格的に始まる。そしてウィーン古典派によって築かれた様々な枠組みを使って、一九世紀のロマン派が花開く。これがクラシック音楽の黄金時代である。

ではウィーン古典派によって確立され、そのうえにロマン派が開花する枠組みとは何かといえば、それは一にコンサートという制度、二にコンサートのメインディッシュとしての交響曲のジャンル、三にオーケストラをはじめとする楽器編成のスタンダード化である。逆に言えばバロック時代には、コンサートホールも存在しなければ、交響曲のジャンルもなく、オーケストラほかの楽器編成も今とは相当違っていた。というか、これらはまだ形成の途上にあった。だからこそバロックは、本来の「クラシック音楽の時代」への「イントロ」なのである。

次に音楽の内容面について言えば、最も重要な要素として「自己表現」がある。これもウィーン古典派の時代に生まれ、ロマン派に入って一気に花開くところのものである。「自己表現としての音楽」などと言うと、「なんだ、当たり前のことじゃないか?」と思う人も多いだろう。ところが違うのである。「音楽は自分の気持ちの表現だ」——今では自明かもしれないが、それ以前の時代にあっては、それは常識ではなかった。例えばバッハの音楽観は神学的であると同時に数学的なもので、恐らく彼にとっての音楽とは、神の創造した宇宙のミクロコスモスを、音の秩序でもって再現するような行為であっただろう。

対するに同じバロック時代でも、ヘンデルやヴィヴァルディにおいては、注文主にいわば快適な音環境を提供するような曲が多い。要するにＢＧＭである。ヘンデルの《水上の音楽》はテムズ川の舟遊びの、《王宮の花火の音楽》は宮殿の花火大会の、それぞれバックグラウンド・ミュージックなのである。さらに時代をさかのぼって中世になると、音楽は「神への捧げもの」という性格が強かったものと思われる。そもそも世界のあらゆる音楽の起源のほとんどが奉納儀式なのであって、例えば祭囃子（まつりばやし）などを「作曲者の自己表現」と思う人はいないだろう。「自分の気持ちを表現する音楽」などというものは、人類の長い音楽の歴史の中の、ほんの一部にすぎないのだ。こうした「自己表現をする音楽」が生まれてくるのがウィーン古典派であり、それが人々の完全な常識として定着するのが、一九世紀ロマン派の時代にほかならない。

　今「表現する音楽」が生まれてくるのがウィーン古典派だと言ったが、表現の程度には作曲家によってかなり違いがある。「交響曲の父」として知られるハイドンは職人気質の極めて強い人で、あまり「自分」を出さない。職人は黙々と仕事をするものであり、自分を見せびらかすことを潔（いさぎよ）しとしないのだ。それに対してモーツァルトでは、そこはかとなく曲の随所に作曲家の内面感情が垣間見（かいまみ）えるような瞬間が生まれてくる。彼の音楽が非常に人間的なものとして私たちに感じられるとすると、その理由の一つはこのあたりにある。ただしモーツァルトはまだ一八世紀の人であって、その音楽には決して自分を完全にさらけ出しはしない、貴族的な矜持が強く感じられる。「自分を表現する音楽」が完全に解き放たれるのは、ベートーヴェン以後である。彼はフランス革命に熱狂した世代の人であって、激情をむき出しにする。自分の情熱や哲学や夢や理念や世界観を、熱く音楽で語るのだ。

ロマン派の作曲家はすべからく、ベートーヴェンのこの「自己表現する音楽」の理念に夢中になった。世界でたった一人の自分を、他の誰とも似ていないこの自分を、音楽で表現するのだ。かつての作曲家はいわば宮仕えの職人であった。教会か宮廷の奉公人として、注文された音楽を作るのである。そこに自己表現の余地はほとんどなかった。そもそも晩餐会の時のＢＧＭを注文されて、下手に作曲家が自己主張をそこに入れたりしたら、注文主の不興を買いかねないだろう。余計なことはせず、注文どおりのことをしていればよかったのだ。

それに対して一八世紀末あたりから、作曲家がフリーでやっていけるチャンスが生まれてくる。ハイドンはロンドンに招待され、交響曲の作曲の依頼を受けた。モーツァルトは晩年こそ仕事がうまくいかなくなったが、幼いころは神童としてヨーロッパ各地の宮廷で人々の驚嘆を巻き起こした。そしてベートーヴェンこそ、「フリーの作曲家」としてやっていくことに完全に成功した、音楽史で最初の人である。人々は「世界でただ一人の」ベートーヴェンに魅了されて、彼の交響曲を聴きに行き、彼のピアノ・ソナタの楽譜を買うのである。かくして一九世紀のありとあらゆる作曲家は、作曲家としての自己実現の鍵となるのである。つまり自己表現こそが、世界でただ自分にだけ可能な表現を追求し、それによって自己を実現しようとした。皆が懸命に自分の個性を追い求めたからこそ、一九世紀にはあれだけたくさんの個性的な作曲家が生まれたのである。

正直言えば私は、バロック時代の作曲家については、はっきり区別がつかないことがよくある。最高傑作はともかくとして、バッハのあまり知られていない曲を聴いて「テレマンか?」と思ったり、ヴィヴァルディとコレッリの区別がつかなかったり……。ハイドンやモーツァルトにしても、彼らの初期作品の場合、聴いてすぐに作曲家がわからないことはしょっちゅうだ。別に居直るつもりはないが、これはある意味で当然のことである。彼らの場合、まだ「自分の個性を表現する」ということはさして重要な意味は持っていなかったのである。

だがロマン派の場合は違う。シューベルト、ベルリオーズ、ブラームス、ヨハン・シュトラウス二世、ヴェルディ、ワーグナー、マーラー——もう数えきれないくらいの個性的な作曲家たちが、一九世紀にはひしめいている。「他の誰にも似ていないこの私のこの曲」を無数に提供してくれる。だからこそ一九世紀はクラシックで一番面白く飽きが来ない時代であり、クラシックの黄金の世紀なのである。

「現代音楽」と二〇世紀

シェーンベルクというウィーン生まれの作曲家がいる。いわゆる「現代音楽」の祖と言ってもいい人である。私が大学生だった頃あたりまで、彼のレコード（当時はまだCDはなかった）を探そうとすると「現代音楽」のコーナーに行かねばならなかった。やがて不協和音だらけの彼の音楽が作られたのは、実は一九一〇年頃だったことを知って、非常に奇妙な想(おも)いを抱いた。当時ですでに作曲から七〇年は経(た)っていた音楽が、なんでいまだに「現代音楽」なのか、と。

当時まったく解(げ)せなかったことが、もう一つあった。シェーンベルクよりずっと後に作曲されているにもかかわらず、ちゃんと「クラシック」のコーナーに置いてあるものもあるのである。ラフマニノフの《パガニーニ狂詩曲》とかガーシュウィンの《ラプソディー・イン・ブルー》とかプロコフィエフの《ピーターと狼》とか、二〇世紀に作曲されはしたものの、それなりにロマンチックな情緒を漂わせ、きれいなメロディーもある作品がそれである。どうやら「現代音楽」とは単なる「現代の音楽」のことではないらしいと、そのとき漠然と感じた。二〇世紀に書かれた作品ならなんでも現代音楽になるわけではないのである。

「現代音楽」とは現代の音楽のことではなく、むしろ――バロックとか古典派とかロマン派というのと同じく――音楽の様式についての名称である。具体的にはそれは、「二〇世紀に入って生まれてくるところの、不協和音などを多用し、一般聴衆をはねつけるような攻撃的な実験性を前面に押し出す前衛音楽」と定義できるだろう。こういうものが登場してくるのが二〇世紀の初頭、つまり一九一〇年頃のことであり、それと入れ替わるようにして、私たちが一般に「クラシック音楽」として馴染(なじ)んでいるようなスタイルは徐々に影が薄くなっていく。つまりクラシックの時代の終焉(しゅうえん)が始まるのである。

クラシックの時代の最末期、つまり一九世紀末から二〇世紀初頭にかけての世紀転換期は、音楽史では一般に「後期ロマン派」といわれる。プッチーニやリヒャルト・シュトラウスやマーラーやラフマニノフ、あるいはフランスでいえば印象派と呼ばれるドビュッシーやラヴェルらが、この時代の代表である。彼らは今でも超のつくクラシックの人気作曲家だ。

ところが彼らの次の世代あたりから、なんとなく雲行きが怪しくなり始める。上に名前を挙げた人たちはおよそ一八六〇年代生まれなのだが、一八七〇〜八〇年代生まれくらいになってくると、聴衆の間で人気を博することにほとんど頓着していないような音楽を書く人々が現れてくる。その代表がシェーンベルクであり、ロシアのストラヴィンスキーである。

後期ロマン派の音楽は、いわばクラシックの一九世紀の総決算のようなもので、爛熟した果実のような濃厚な甘味が特徴だ。それらは聴くものを酔わせてくれる。それに対して「現代音楽」が突きつけるのは総じて、あらゆる錯乱と暴力と狂気と倒錯である。もちろんすべての作曲家がそうだったわけではない。狂気の表現の程度も千差万別だ。だがシェーンベルクやストラヴィンスキーがパンドラの箱を開けて以後、もはや音楽の歴史が後戻りできない地点に踏み入ったことは間違いない。実験性を前面に押し出すこうした音楽の系譜は、その後ブーレーズやシュトックハウゼンを経由して今日に至るまで、細々とではあるにせよ、しかしそれなりに脈々と続いてきている。

こうした現代音楽が一体どのようなところから出てきたのかと考えれば、大きな理由は二つ挙げられる。つまり現代音楽はロマン派の「自己表現」の過激化であり、そして大衆社会への反動なのである。前回も書いたが、「音楽は自己表現だ」という理念のもと、ロマン派の一九世紀は百花繚乱（ひゃっかりょうらん）の個性を誇った時代であった。こうした「独創性」の追求がエスカレートしすぎた結果が、いわゆる現代音楽だと言えなくもないのである。多くの二〇世紀の前衛作曲家たちを特徴づけているのは、いわば他の誰かと似ていることに対する過剰な恐怖である。そして「誰にも似ていないこと」の探求が、ひとりよがりと紙一重のところにあることは、言うまでもあるまい。

現代音楽のもう一つの特徴は、大衆音楽に対する強い敵意であろう。二〇世紀は現代音楽の世紀であるだけでなく、主としてアメリカ発のポピュラー音楽の世紀でもあった。録音や放送といった新メディアと結びついて、それは世界中に広まり、巨大な娯楽産業となった。ヨーロッパのクラシック音楽は、もともと教会や貴族のための音楽として生まれ、一九世紀に入ってもなお上流ブルジョワの娯楽であったわけだが、たとえ一般聴衆の無理解にさらされようとも、こうした伝統的なクラシック音楽のエリート性になおこだわり続けようとする、それが現代音楽である。現代音楽にエリート的な高踏主義とアングラ性が同居しているのは、このあたりに起因しているものと思われる。

もちろん二〇世紀の作曲家といっても、皆が皆、こうした過激な前衛に走ったわけではない。特にソ連では、「芸術は全人民に広くアピールすること」が政治的に求められ、アヴァンギャルドが厳しく禁じられていたこともあって、プロコフィエフやショスタコーヴィチやハチャトゥリアンといった、比較的穏健なクラシック・モダンのスタイルが二〇世紀に入っても維持された。フランスのプーランクとかミヨーといった人々も、例えばミシェル・ルグランに通じていくような、小股の切れ上がったオシャレなモダニズムの才人であった。また妥協なき実験性の探求にもかかわらず、クラシック・モダンの古典としてレパートリーに定着した稀有（けう）な例としては、ハンガリーのバルトークがいる。

ただし、例えば伝統的なオーケストラ編成によるシンフォニックな作品に、少し不協和音や不規則なリズムを混ぜていわば「二〇世紀風の味付け」とする、こうした穏健なモダニズム路線は、二〇世紀後半になるとあまり流行（はや）らなくなる。いわゆる「現代音楽」の世界は、ブーレーズやシュトックハウゼンやジョン・ケージといった、過激な前衛たちで独占されるようになるのだ。

資質からいって「穏健モダニスト」的であった多くの作曲家たちは、映画音楽やアレンジの世界へ移住していったのであろう。例えばニーノ・ロータやエンニオ・モリコーネやジョン・ウィリアムズのような人たちは、五〇年早く生まれていたら、交響曲やオペラの作曲家として名を成していたかもしれない人々である。

こうして考えると、一九世紀までのクラシックは二〇世紀において、一部は現代音楽へ、一部はポピュラー音楽の世界へ、それぞれ分岐していったと見るべきかもしれない。

交響曲はクラシックのメインディッシュ

一八世紀に徐々に礎が形成され、一九世紀に黄金時代を迎え、二〇世紀においてゆっくり衰退していったクラシック音楽。その最も端的な定義は、「コンサートホールで上演される音楽」である。コンサートという制度は一八世紀の終わりに生まれ、一九世紀に完全に確立された。いわばそれは「音楽の美術館」であった。近代市民社会の中で、誰もがチケットさえ買えば、平等に素晴らしい音楽を鑑賞する権利を手にした。そしてこのコンサートホールという場で上演されることを目的として作られた音楽を、今日の私たちは「クラシック」と呼んでいる。

コンサートホールでは、いろいろなジャンルの音楽が演奏される。歌曲の夕べ、ソロのリサイタル、室内楽等々。だがコンサートホールの主役は、言うまでもなくオーケストラである。オーケストラ演奏会がないホールなどというものは想像もつかない。そして世界の有名オーケストラは、必ず専用ホールというものを持っている。ウィーン・フィルの楽友協会ホール、ベルリン・フィルのフィルハーモニー、アムステルダムのロイヤル・コンセルトヘボウ管弦楽団のコンセルトヘボウなどはその代表格であり、これらのオーケストラの名前はそれぞれそのホームグラウンドと不可分に結びついている。そしてオーケストラ・コンサートのメインディッシュとなるのが、交響曲である。交響曲こそクラシック音楽の代名詞なのである。

交響曲はコンサートという制度のソフトとして生まれた。逆に言えば、コンサートがなかった時代には交響曲はなかった。バロック時代の音楽は、教会儀式に使われるか、それとも王侯貴族の生活のＢＧＭのような性格が強く、音楽を鑑賞するためにチケットを買って聴きに出かけるなどという機会は皆無だった。

交響曲が本格的に書かれるようになるのは、一八世紀の半ばあたりからのことであるが、そのルーツと考えられるものにはいくつかあって、一つはオペラの序曲、もう一つはセレナーデの類いである。周知のように交響曲は通常四つの楽章からなるが、オペラ序曲を拡張して四つの楽章にして、あるいは七つくらいの楽章からなることが多いセレナーデを四つの楽章に圧縮して、交響曲はできた――とりあえずこう理解しておいていいだろう。

恐らく交響曲――ということは演奏会という制度――の成立と深く関わっていたと考えられるのは、暗黙の裡（うち）に聴衆に要求される／聴衆が要求する「音楽を聴く態度」の変化である。オペラ序曲やセレナーデはいわば「ながら音楽」だった。オペラの聴衆は一九世紀に入ってもなお、公演の途中から入ってくることなどしょっちゅうで、序曲の最初から静かに固唾（かたず）を呑んで開始を待つなどということはしなかった。序曲は「そろそろ静かにしてくださいよ」と知らせる、開始ベルのようなものであった。またセレナーデは晩餐会（ばんさんかい）や祝賀行事のＢＧＭであり、これまた「ながら音楽」であって、行事の間ずっと奏でられている必要があった。だからセレナーデは楽章数が多いのだ。

これに対して演奏会の聴衆というのは、当然ながら、音楽が聴きたくてやってくる。もちろん一九世紀までの観客は、今のファンのようにお行儀がよいわけではなく、例えばひと昔前の歌舞伎のなじみ客のように、飲み食いしながら、あるいは顔見知りと雑談しながら聴くということもあったようだ。それでも少なくとも理念としては、コンサートホールは音楽に一心に耳を傾けるために生み出された制度であった。じっくり音楽が聴きたい人のためのメインディッシュとして、序曲では短すぎ、セレナーデでは長すぎる。交響曲が四つの楽章でトータル三〇～四〇分程度に落ちついたのは、これが客の注意力をもたせるために程よい長さだったからだろう。

先に書いたように、交響曲が生まれるのはおよそ一八世紀の半ばあたりであるが、それがすべての音楽ジャンルの頂点に押し上げられるのは、いわゆるウィーン古典派の三人の巨匠によってである。一八世紀末にロンドンの演奏会に招待されたハイドンが、このツアーの目玉として書いた晩年の一二の交響曲、モーツァルトの最後の三つの交響曲、そして何よりベートーヴェンの九つの交響曲。これらの金字塔はのちの作曲家にとって絶対の規範であり続けた。「大作曲家」と呼ばれるためには、いくらいいピアノ曲や室内楽を書いてもダメ、ハイドン・モーツァルト・ベートーヴェンの傑作に匹敵するような交響曲を書くことこそが、その絶対条件となったのである。

一九世紀の作曲家にとって、よほどの覚悟がない限り、下手に交響曲に「手を出す」

わけにはいかなかった。交響曲に関してメンデルスゾーンは改稿に改稿を重ねるのが常で、最後まで出版を許可しない作品もあった。いつまでたっても出来に満足せず、自作の交響曲を改稿し続けたのは、ブルックナーも同じである。すでにピアノ曲や歌曲の傑作の数々を生み出していたにもかかわらず、シューマンが最初の交響曲を発表したのは三一歳になってからであった。交響曲を公にすることに激しいプレッシャーを感じていたのはブラームスも同じで、最初の交響曲の作曲に二一年もかけ、四三歳になってようやく初演にこぎつけた。

交響曲にチャレンジしようとする作曲家にとってとりわけ重圧となったのが、ベートーヴェンの九つの交響曲である。作品の内容面だけではない。九つという数字もまた、一九世紀の作曲家にとって呪縛となった。シューマンとブラームスの交響曲は四つ、チャイコフスキーは六つ、そしてドヴォルザークとブルックナーは九つどまり。誰も「第一〇交響曲」を書くことはできなかったのだ。

マーラーはこれに怖(おそ)れをなして、つまり第九交響曲を書いてしまうと死んでしまうのではないかと半ば信じ、本来なら九つ目の交響曲になるはずだった作品に「交響曲」というタイトルを与えず、代わりにそれを《大地の歌》と名づけた。しかし結局のところ彼はさらにもう一つ交響曲を書いて、これが「交響曲第九番」となった。しかしその次、一〇番目の交響曲の作曲は未完のまま、マーラーは世を去ることになった。迷信は本当になったのである。

妙な喩(たと)えかもしれないが、一九世紀の作曲家にとってベートーヴェンの九つの交響曲は、日本のプロ野球選手にとっての王貞治のホームラン年間記録のようなものだったのかもしれない。それを超えることは永遠の目標であり続けなければならない、つまり永遠に超えてはならないことが暗黙の了解であるような、そんな金字塔なのである。「クラシックといえば何よりベートーヴェンの交響曲」という一般のイメージは、このあたりから来ている。

交響曲は一九世紀の頑張りソング？

「クラシック音楽」の大半は「（一八世紀後半から二〇世紀初頭にかけて書かれた）コンサートホールで上演されるために作曲された音楽」であり、こうしたコンサート用音楽のメインディッシュが交響曲に他ならない。交響曲を書くということは、クラシックの多くの作曲家にとって、特別な意味を持っていた。その理由の一つが、交響曲はコンサートの「締め」になることである。通常のオーケストラ・コンサートのプログラムは、前半が序曲と協奏曲（あるいは交響詩のような自由な管弦楽とか小さめの交響曲）、そして後半が大規模な交響曲一つと相場が決まっている。野心ある作曲家であれば、「トリ」を務めたいと考えるのは当然だ。そして「トリ」はコンサートを盛り上げて終わらなくてはならない。演奏会という制度は一種近代の「祭り」であって、多くの人は皆と一緒に音楽を聴きたくて、音楽を通して連帯の絆を深めたくて、そこにやってくるのである。

とはいえ、聴衆を真の熱狂に導くためには、単に賑やかなだけでは不十分だろう。楽しく浮かれるだけではなく、それが「感動」につながっていくには、もっと深い何かがなくてはだめだ。その意味で何より大切なのは、「メッセージ性」である。人々への呼びかけである。聴く者に人と社会の目指すべき目標を、音楽を通して指し示す。この理念性のゆえにこそ、交響曲はコンサートホールの王者となったのだった。

交響曲というジャンルが持つ特別なオーラを決定的にしたのは、いわゆるウィーン古典派の三人の巨匠、ハイドンとモーツァルトとベートーヴェンである。だがハイドンやモーツァルトの交響曲は、まだ「人々に熱く呼びかける音楽」ではない。彼らの作品にはもう少し貴族的なクールさがある。交響曲をして、群衆を糾合するような音楽へと高めたのは、何といってもベートーヴェンだ。古典派の三人の中で図抜けて若かったベートーヴェン（ハイドンは一七三二年、モーツァルトは一七五六年に対して、彼は一七七〇年の生まれ）は、フランス革命とナポレオンに熱狂した時代に属していた。彼はいわば「政治の時代の子」であった。

ベートーヴェンの音楽はよく、その「拳を振り回すようなジェスチャー」を揶揄される。確かに彼は音楽における稀代の名演説家であった。常にそうだというわけではないにせよ、彼は交響曲の構成に政治集会のような性格を与えた。問いかけと否定、そして呼びかけ――これがベートーヴェンの音楽の重要な基本性格である。「本当にこれでいいのか⁉ 違う！ こうではなくてこうだ‼」ベートーヴェンの交響曲（とりわけ第三番《エロイカ（英雄）》、第五番《運命》、第九番《合唱》）には、至るところでこの構図が見出される。そして曲の最後で必ず彼は、聴衆を熱狂の渦へ巻き込む。「進め！ 明日をつかめ！ 必ず希望は見出される！」――力強く群衆をこう激励する。その意味でベートーヴェンの交響曲は、二〇〇年前の「We Are The World」であり、「頑張りソング」の原型であったとすら言えるだろう。

一代で数々の交響曲の金字塔を打ち立てたベートーヴェンは、いわばタフな立志伝中の人である。こういうあまりに偉大すぎる精神的な父を持った息子たちは辛い。

一九世紀ロマン派の、とりわけドイツの作曲家たちは、軒並みこのベートーヴェン・

コンプレックスに苛まれていたと言っていい。すでに述べたように、メンデルスゾーンにとってもシューマンにとっても、ブラームスにとってもブルックナーにとってもマーラーにとっても、交響曲を書くというのは途轍もないプレッシャーだったのだ。ベートーヴェンの継承者として名乗りを上げるには交響曲を書いて成功しなくてはならない。しかし「盛り上げるパワーと熱いメッセージ」の点で、革命やナポレオンを経験した世代の「タフなおやじ」にはとてもかなわない――こういう強迫観念である。

ベートーヴェン以後も、もちろん「熱いメッセージと盛り上がり」のタイプの交響曲で、それなりに成功した作品もある。ブラームスの第一番、チャイコフスキーの第四番や第五番、マーラーの第二番、シベリウスの第二番などがそれだ。だが総じて、ベートーヴェンの向こうを張るようなタイプの交響曲は、そんなに数が多いとは思えない。それなりに盛り上がって終わりはするが、政治的なメッセージ性よりも、もう少し田園的な歓びの感情のほうへ表現をスライドしたり（例えばブラームスの第二番やドヴォルザークの第八番など）、何かを拒絶するような悲劇的な終わり方をしてみたり（例えばブラームスの第四番）、高笑いするような躁状態で終わったり（例えばシューベルトの第八番〔旧第九番〕《ザ・グレイト》やマーラーの第一番）といった具合に、いわば少し変化球を混ぜるのである。真正面からベートーヴェンの《エロイカ（英雄）》や《運命》や《第九》と張り合うことを避けるのだ。

ベートーヴェンとまったく違う世界を切り拓くことができた唯一の交響曲は、シューベルトの第七番（旧第八番）《未完成》だろう。周知のように《未完成》は第二楽章まででしかない。作曲家は第四楽章まで完成させることなく世を去ったのである。ひょっとするとシューベルトは、第三および第四楽章で「盛り上げて」終わろうと思っていたのかもしれない。しかしそんなことはどうでもいい。彼の第七交響曲は、まさに未完品として完璧であるような、そういうタイプの稀有な作品なのだ（この意味でミケランジェロの未完の遺作「ピエタ」に似ている）。

シューベルトの《未完成》は、ゆったりしたテンポの第二楽章において、まるで彼岸の世界から響いてくるような、静けさに満ちた甘美な旋律を繰り返して閉じられる。熱い熱狂で終わるベートーヴェン型の交響曲とまったく対照的な世界観が、ここにはある。これは勝利宣言で終わる交響曲ではない。消えるように終わる交響曲。完成しないまま終わる交響曲。これは昇華とか自己滅却とか輪廻といったイメージに近い世界だ。

通常とは真逆のこのパターンに、敢(あ)えて挑戦した作曲家は多くはない。だがシューベルト以後、少なくとも三つの「消えるように終わる交響曲」の屈指の名作が書かれた。チャイコフスキーの交響曲第六番《悲愴》、マーラーの交響曲第三番、そして交響曲第九番である。このうちチャイコフスキーの第六番およびマーラーの第九番は、明らかに作曲家の「辞世の句」として聴かれるべき作品であり、またマーラーの第三番は「神の慈悲と愛への帰依」を主題としている。いずれもベートーヴェン的なガンバリズムの真逆を志向しているのである。ベートーヴェン型の集団的な熱狂からシューベルト型の解脱まで、一九世紀においては交響曲のありとあらゆる表現の可能性が追求された。この豊穣な多様さにこそ、人々をこのジャンルに惹(ひ)きつけてやまない、その最大の魅力がある。

交響曲にはなぜ複数の楽章があるのか？

私がクラシックに親しみ始めたのは中学一年の頃からであるが、当時どうしても分からなかったことがある。それは「交響曲にはなぜ複数の楽章があるのか」という点である。あの頃の私の最大のお気に入りはドヴォルザークの《新世界より》だったが、正直に言えば、私が好きだったのは賑（にぎ）やかな第一楽章と第四楽章だけで、イングリッシュ・ホルンのソロで有名な第二楽章の静けさは、どうにも退屈で仕方がなかった。私は考えた。「どうして第二楽章をスキップして聴いたらだめなんだ？」「どうして第一楽章は第一楽章で、第二楽章は第二楽章なんだろう？　楽章の順番を入れ替えて聴いたらいけないんだろうか？」「そもそも一つの曲（《新世界より》交響曲）の中になんで四つの曲（楽章）が入っているんだ？」念のために言えば、当時はまだレコードの時代だったから、チャプターのスキップでも入れ替えでも自在にできるＣＤと違い、一度レコードに針を落としたら、最初から最後まで順番通りにじっくり聴かねばならなかった。

今にして思えば、当時の私は歌謡曲のアルバムを聴くような感覚で、交響曲を聴こうとしていたのだろう。いわばコース料理と単品の違いがわかっていなかったのだ。ショパンの《英雄ポロネーズ》とか、シベリウスの《フィンランディア》とか、グノーの《アヴェ・マリア》といった曲は「単品」である。単独で聴くものである。それに対して通常四つの楽章を持つ交響曲はコース料理だ。そしてかつての私は、順番に出てくるスープやサラダやメインやデザートを見て、「どうしてこの順番で、しかも全部食べなければいけないんだ？　今日は別にスープはいらないんだけど……どうせならサラダもなしで、メインを二種類だけ注文して終わりにしたいんだけど……」などと考えていたわけだ。だがこれは勘違いも甚だしいわけで、「絶対にこの順番通りに、通しで最初から終わりまで聴いてもらわないと困る」と考えて、作曲家は交響曲を作っているのである。

「コースと単品」の代わりに「短編小説と長編小説」、あるいは「寸劇と四幕の悲劇」などという比喩を出してもいいであろう。シェークスピアの『マクベス』の各幕を、あるいはトーマス・マンの『魔の山』の各章を、順番をばらばらにして読むとか、好きな章だけ読んで、他のところは眼を通さないなどということはありえない。じっくりと最初から丁寧に読んでいかないと、すぐに筋がこんがらがってくる。登場人物の誰が誰か分からなくなってくる。だから長編は寸劇や短編小説よりはるかに読むのに根気がいる。だがじっくり時間をかけてこそ初めて味わえる感動の深さというものが、そこにはある。だからこそ数々の偉大な作曲家たちは、交響曲をあらゆるジャンルの金字塔と考えた。

右にも述べたが、交響曲は通常、四つの楽章からできている。ピアノ・ソナタやヴァイオリン・ソナタの類い、あるいは協奏曲や弦楽四重奏も、同じような複楽章形式である。ただしピアノ・ソナタや協奏曲は通常三つの楽章しか持たないし、弦楽四重奏は四つの楽章から成るのがスタンダードではあるけれども、楽器編成の規模の点でオーケストラを用いる交響曲にはかなわない。あらゆる面でやはり交響曲は、クラシック音楽のすべてのジャンルの中で、最も巨大なスケールを誇っている。

交響曲の四つの楽章は、およそ次のように配置される。まず第一楽章はソナタ形式で書かれるのが特徴である。静かな序奏を伴うことも多い。誰しも「ソナタ形式」という言葉を耳にしたことはあるだろう。これを簡単に定義することはとても難しいが、ここではとりあえず、「二つの対照的な主題が、対話や論争や時に戦いを繰り広げながら、最後は和解へ導かれる形式」としておこう。例外はいくらでもあるが、いずれにせよソナタ形式は極めて重厚で、ほとんど哲学的といってもいいような内容を表現するのに適した形式である。

それに対して第二楽章と第三楽章は、ちょっとした「箸休め」である。まず第二楽章はテンポが遅い。そして静かで抒情的だ。それはいわば休息の場である。そして第三楽章になると、再びテンポが活発になる。音楽に動きが出てきて、そのまま第四楽章へなだれ込むような感じで進むことが多い。ハイドンやモーツァルトの第三楽章はメヌエットと呼ばれる三拍子の舞曲のスタイルで書かれるのが常だ。それに対してベートーヴェン以後は、拍子は同じく三拍子なのだが、スケルツォといってもっとダイナミックなスタイルになる。

第四楽章はしめくくりにふさわしく、大いに華やかに盛り上がるのが常である。ただしここでもハイドンおよびモーツァルトと、ベートーヴェンの間にはかなり違いがあって、前者のフィナーレはいわばお祭り騒ぎ的な晴れやかさが支配しているのに対して、ベートーヴェンの終楽章は第一楽章をも上回るような重い内容と、勝利の凱旋(がいせん)のような壮大さを持つことが多い。

以上が交響曲の四つの楽章の「定番コース」である。しかしながら、それこそ一流レストランのシェフと同じように、クラシックの大作曲家たちは「定番」を踏まえつつも、作品ごとに工夫を凝らし、少しひねったパターンを考えたり、あるいはまったく新しい楽章配置を探求したりした。このことについて少し触れておこう。

まずハイドンとモーツァルトの交響曲は、基本的に型どおりであることがほとんどである。もちろん型の中に無限のヴァリエーションがあることは言うまでもないけれども、彼らは職人気質が強く、決められた定型の中でさりげなく自分の持ち味や折々のインスピレーションや腕前を見せることを好む。このようにハイドンやモーツァルトが一八世紀の人であり、まだ「職人、厨房(ちゅうぼう)を出ず」的な気質を強く残していたのに対して、ベートーヴェン以後の一九世紀の大作曲家たちは、極めて大胆に自己表現を探求した。

例えばベートーヴェンの交響曲第三番《エロイカ（英雄）》では、第二楽章が「休息」（箸休め）どころか悲痛な葬送行進曲になっていて、そして第四楽章で再び輝かしく英雄の復活が宣言される。交響曲第五番《運命》では、第一楽章の闇と絶望から第四楽章の勝利へ向けて、驚くほかないようなダイナミックな急カーブが描かれる。そして《第九》。ここでは第二楽章と第三楽章の通常のパターンが入れ替えられる。スケルツォが第二楽章に来て、そして第三楽章が静けさに満ちた休息の場になるのである。しかも《第九》の第三楽章は、「箸休め」などではなく、まるで神が降臨したかのような深い宗教感情に満たされている。しかもここから合唱の加わる第四楽章の歓喜へと、一気に音楽表現が爆発する。天上の祈りから地上の喜びへと急激な場面転換をすることでもって、前代未聞のフィナーレの高揚が創り出されるのである。

四つの楽章がどんな風に並べられて、どんな大きな物語を作っているか――これを考えながら聴くことこそ、交響曲の最大の楽しみである。

オペラは「クラシック」じゃない？

交響曲はいわば「クラシックの王様」である。だが注意しておかねばならないのは、交響曲が作られたのが、ほとんどドイツ語圏（ドイツとオーストリア）だったということだ。チェコ人のドヴォルザークも九つの交響曲を書いたが、当時のチェコはハプスブルク帝国に属していた。シベリウスはもともとベルリンとウィーンで学んだ人だから「ドイツ仕込み」といっていい。ロシアにはチャイコフスキーを筆頭に、そこそこの数の交響曲作家がいるが、フランスの著名作曲家で交響曲を書いた人はベルリオーズとフランクだけ。しかも二人とも二曲しか残していない。イタリアに至っては、今日までレパートリーに残っている交響曲は、一つもない。スペインなどでも事情は同じだ。

交響曲は「重厚で真面目で偉大な芸術音楽」としてのクラシックを代表するジャンル

である。しかるに、それらが作られたのはほとんどドイツ語圏だった。つまりベートーヴェンを頂点とする偉大な交響曲の数々には、「音楽の国」としてのドイツの威信がかかっていた。ではクラシックのシンボルともいうべき交響曲が、例えばイタリアやフランスではほとんど作られなかったということは、何を意味するのか？　イタリアやフランスのクラシックはクラシック（＝芸術音楽）ではないのか？　端的に言って、答えはイエスである。イタリアやフランスなどの音楽は、ドイツのそれと比べて、はるかに娯楽音楽に近いのである。

　そもそも私たちは一八～二〇世紀初頭のヨーロッパで作られた音楽を十把一絡(じっぱひとから)げで「クラシック」に分類しているが、その中には本来娯楽音楽として聴かれていたものもかなりある。ヨハン・シュトラウス二世のワルツはその典型で、これらはもともとダンスホールで踊るための音楽であった。そして、もともとは娯楽音楽だったものが、いつのまにか交響曲などと一緒に「クラシック」に分類されるようになってしまった典型的なジャンルが、イタリア・オペラである。

　図式的にいって、私たちがクラシックと呼んでいるヨーロッパの近代音楽には、二つの「極」があった。ドイツの交響曲とイタリアのオペラである。ドイツvsイタリア、そして交響曲vsオペラ――両者はもう水と油のように音楽文化が違うのだ。ちなみにフランスやロシアなど、その他の国の音楽文化の体質は、何らかのかたちで両者の間にあると思っておけばいい。あくまで一般論であるが、ドイツの交響曲文化ほど真剣難解長大ではなく、さりとてイタリアのオペラ文化ほど娯楽性が強いわけでもない、といったところだ。

「難解な音楽」としてのクラシックのイメージは、専らドイツ／オーストリア音楽によって作られてきた。このことをどれだけ強調してもしすぎではない。クラシックのすべてが「真剣な音楽」（単なる娯楽ではない音楽）というわけではないのである。とりわけイタリア・オペラはそうだ。ロッシーニもベッリーニもドニゼッティも、そしてヴェルディもプッチーニも、言うなれば当時の演歌のようなものであって、決してコンサートホールで真面目くさって聴くようなものではなかった。

交響曲に象徴されるクラシック音楽は聴きやすいものではない。長編小説を読み通すのは、通勤中に短編を読み飛ばすほどラクではない。それと同じように、交響曲はかなり難解な音楽であり、時間と手間と集中力を要する。だが一九世紀のヨーロッパといっても、この手の音楽ばかり書かれていたわけではない。音楽と哲学の国ドイツの一九世紀を代表するのが交響曲だとすれば、その対極にあるような娯楽音楽のジャンルがイタリア・オペラ、通称「イタ・オペ」なのだ。

ベルリンやウィーンのコンサートホールに通って交響曲を聴く聴衆と、ローマやナポリやミラノの劇場の天井桟敷(さじき)に陣取るオペラ狂たちが、一体どれほど違った人々であるか、なかなか日本にいるとわかりづらい。敢(あ)えて言えば、イタリアのオペラ観客の多くは、サッカー競技場に詰めかけるファンのようなメンタリティーの人々である。今でも彼らは舞台の出来不出来に対して、ドイツやフランスではちょっと想像できないような、激越な反応を示す。ブーイングやブラヴォーの桁外れの激しさは言うまでもなく、アリアの前奏では地元の観客がいっせいにメロディーを口ずさみ始めることもあるし、待ってましたとばかりに熱烈な喝采を送ったり、時にはぴたっと静かにして劇の次の展開を待ったりする緩急自在の反応は、舌を巻くばかりだ。

これを実感するための格好のCDがある。一九四九年のナポリにおける、マリア・カラスが主演したヴェルディ《ナブッコ》のライヴ録音である。第二次世界大戦が終わって間もない頃のこの海賊録音の最大の聴きどころは、若き日のカラスでも、燃え上がるような表現を見せるサン・カルロ歌劇場のオーケストラでもなく、聴衆である。

古代バビロニアで囚われの身になっているユダヤ人たちが祖国を懐かしんで歌う、ヴェルディの《ナブッコ》の有名な合唱曲〈行け我が想い、黄金の翼に乗って〉（第三幕）を聴いてほしい。曲の途中で、客席から突如として感極まった「イタリア万歳！」の叫び声があがる。演奏はまだ続いているというのに、お構いなしに大騒ぎが始まる。そして曲が終わるとまたもや「イタリア万歳！」の嵐。蜂の巣をつついたような騒ぎとなって、「ブー！」とわめいているらしい連中との間で凄まじい口論まで起きる。客席の騒ぎはいつまでたっても終わらない。やがて熱烈なリクエストに応え、もう一度〈行け我が想い〉がアンコールされる。前奏からしてオーケストラは、一回目よりもさらに気合いが入っている。冒頭のトゥッティ（総奏）によるフォルティッシモの一撃など、全員が渾身の力を込めて「どうだ！」とばかりにポーズを決めてくれる。ほとんど郷土芸能の世界である。

同じオペラでも、ワーグナーやリヒャルト・シュトラウスといったドイツのそれは、交響曲文化の影響を強く受けていて、「真面目な」性格が強い。台本の文学性を重視し、音楽の構成も重厚である。モーツァルトですらそういうところはある。だがそのドイツ語圏でさえ、オペラに通うファン層は、交響曲を聴きにコンサートに行く人々とは、かなり体質が違っている。ゴージャスなドレスで着飾ったマダム、とびきりの美女をエスコートする気障な若者、歌芝居好きのおばあちゃん、いかにも金満家然とした紳士――よくも悪くも交響曲の観客よりミーハーなのである。

もちろん交響曲コンサートとオペラのどちらにも通うファンはいる。だがオペラか交響曲の一方に特化している人々もかなりいて、前者はコンサートホールで上演される交響曲や室内楽やピアノ・ソナタなど難しくて退屈だと敬遠し、後者はイタリア・オペラなど通俗的だとバカにしたりする傾向がかなりある。一つ言えるのは、もしあなたが演歌好きだったとしたら、絶対に「イタ・オペ」との相性はいいはずだということである。これだけは断言できる。

サロンの物憂いプレイボーイたちの音楽

「今ではクラシックに分類されているが、かつてはクラシックではなかったジャンル」というものがある。典型的なのは前項で扱ったイタリア・オペラだ。それは一九世紀版演歌のようなものであった。それに対して「一九世紀版ムード・ミュージック」ともいうべきジャンルが、いわゆるサロン音楽である。これを代表するのは何といってもショパンとリストであるが、伝説の名ピアニストでもあった彼らは、いわばリチャード・クレイダーマンの祖のような存在だったのかもしれない。

サロン・コンサートと聞いて私たちが連想するのは、本格的な演奏会と違って、お茶会のような気の張らないリラックスした雰囲気であろう。例えば演奏者のトークが入ったり、時にはケーキが出てきたりする。編成はピアノ・ソロとかヴァイオリン（あるいはフルート）とピアノのデュオあたりが中心。プログラムもイージーリスニング系が多く、ポップスのアレンジを入れたりしてもあまり違和感はない。

サロン・コンサートにぴったり合う曲といえば、バダジェフスカ《乙女の祈り》、ショパン《別れの曲》、リスト《愛の夢》、マスネ《タイスの瞑想曲》、ドビュッシー《亜麻色の髪の乙女》あたりが筆頭に来る。間違ってもサロンでベートーヴェンのピアノ・ソナタ《熱情》とか、演奏に一時間近くもかかるバッハの超難曲《ゴルトベルク変奏曲》などを弾いてはいけない。これらの曲は難解で長すぎる。高尚すぎる。サロンはカントやヘーゲルを原書で読むような場所ではないのだ。

オシャレなムードをぶち壊してはいけない——まさにこれがサロン音楽の条件についての、最も単刀直入な定義である。


前回も述べたが、「真面目なクラシック音楽」を代表するのがドイツ語圏の交響曲文化であったとすると、その対極にあるのがイタリア・オペラの大衆的な世界であった。「交響曲 vs イタリア・オペラ」——サロン音楽もまたこれと似た構図の中で理解できる。つまり「ピアノ・ソナタ vs サロン音楽」である（ピアノではなくヴァイオリン・ソナタとしてもいいが）。ベートーヴェンに代表されるようなピアノ・ソナタの世界は、いわば交響曲のミニチュアである。楽章の数もしばしば交響曲と同じく四つあるし、複雑なソナタ形式を使い、音楽内容も決して俗耳（ぞくじ）に入りやすいものではない。それに対してサロン音楽は短い。形式も単純だ。そしてすぐ口ずさめるメロディーとムーディーな甘さがある（ピアノ・ソナタではこういうものは「軽薄」として嫌われるが）。サロン音楽は現代でいえばイージーリスニングなのだ。

　サロン音楽は、少し洒落（しゃれ）たロマンチックなタイトルがつくことによっても、すぐにそれとわかる。「……の夢」「月の……」「愛の……」「……の思い出」といった具合だ。ノクターンとかバラードとかワルツも例外なしにサロン用音楽として作られている。ピアノ・ソナタの場合、副題をつけることがあまりないのと、これは好対照である（そもそもベートーヴェンの《月光ソナタ》などにしても、作曲者がつけたものではない）。ではなぜこんなタイトルをつけるかといえば、それはサロン音楽が「お金持ちのマダム／お嬢様のための音楽」だったからである。彼女らはほぼ例外なしにピアノを弾く女性たちでもあった。そもそも金持ちの夫人か令嬢でなければ、当時はピアノなど習えなかった。サロン音楽は決して哲学書や長編小説であってはならない。それはロマンチックな詩であり、短編メロドラマ小説なのだ。

交響曲がドイツの、オペラがイタリアの音楽文化であるとすれば、サロン音楽が栄えたのはフランスである。というより、そもそもサロン文化というものが、フランスで生まれたものなのである。サロンの起源は革命以前の宮廷社会の風習にある。宮廷の貴婦人が開くパーティーの類である。言うまでもなくそれは乱痴気騒ぎをするようなところではなく、上品な雰囲気の中、詩人や歌手や文人（その中にはディドロのような哲学者もいた）などが招かれ、朗読したり、歌を披露したり、あるいはちょっとした議論を交わしたりもした。

この習慣は一九世紀に入ってさらにブルジョワ階級に広まり、良家の奥様たちは必ず冬のサロン・シーズンにはこうしたパーティーを催すようになった。もちろん未亡人や誰かの愛人（例えばヴェルディのオペラ《ラ・トラヴィアータ》の主人公のような）がサロンを主催するケースも多かった。だが一つ確認しておかねばならないのは、サロンなどを主催するのは常に上流階級の女性だったということである。オヤジが催すサロンなどというのはありえなかったし、またサロンで無礼講を働くようなオッサンには二度と声がかからなかっただろう。「上流マダム文化」ということが、サロン音楽の独特の洗練と感傷と甘さに深く関わっている。

ショパンとリストがサロン音楽文化を代表する作曲家であることは、右に述べた通りである。ピアニストとしての彼らの活動の場はパリのサロンであり、彼らは大金持ちのご夫人や令嬢を相手にピアノのレッスンをし、場合によっては彼女らのために曲を書いてやり、そして彼女らを相手にサロンで妙技を披露してみせた。こうした背景からもわかるように、「ギャラント（優美）であること」はサロン音楽の絶対条件である。ベートーヴェンのピアノ・ソナタのごとき、政治演説のような暑苦しさはご法度なのだ。

サロン音楽の美学は、「甘い愛のささやき、極上のエスプリ、優雅な身のこなし、そしてクールさ」とでも定式化できようか。饒舌（じょうぜつ）と難解と熱弁は禁物。例えばショパンの《前奏曲集》作品二八の第七曲（イ長調）は、この点でサロン音楽の見本のような作品だ。以前胃薬のBGMに使われていた曲である。ここでは、ほとんどステレオタイプとも言いたくなるような、甘いメロディーがまき散らされる。芝居でいえば「愛してるよ……」とか「君が忘れられない……」といったセリフのようなものか。そしてもう一つ大事なことが、その短さだ。ものの三〇秒もしないうちに終わってしまう。サロンでは難しい高尚な談義を延々続けてはいけない。ご婦人方をうんざりさせてはいけない。すれ違いざまの一言でもって、自分を彼女たちにとって気になる存在にしなければならない。先のショパン作品は、実に見事な音楽による口説きの演出だ。

なおフランスでは、一九世紀もかなり最後のほうになってから登場してきた、フォーレやドビュッシーやラヴェルといった作曲家の音楽にも、こうした伝統は色濃く残っている。《夢の後に》(フォーレ)、《月の光》や《亜麻色の髪の乙女》(ドビュッシー)、《亡き王女のためのパヴァーヌ》(ラヴェル)といったタイトルが既に、極めてサロン音楽的である。

家庭音楽とドイツ教養市民

「クラシックであってクラシックではない音楽」として、ここまでイタリア・オペラとサロン音楽をとりあげた。イタリア・オペラは一九世紀の演歌であったし、サロン音楽は一九世紀のポール・モーリアかリチャード・クレイダーマンだった。クラシック音楽という言葉に「高尚で難解な大芸術」というイメージがこびりついているとすれば、そしてこのイメージが深くドイツ的（特にバッハ／ベートーヴェン的）な刻印を帯びているとすれば、ヴェルディやプッチーニ、あるいはショパンやリストの音楽は、少なくともそれが作曲された当初は、もっとイージーリスニング的なものとして意図されていた。

こうした「気軽に聴ける／聴けない（聴いてはいけない）」の問題の背景にあったのは、ドイツ音楽をめぐる一九世紀ヨーロッパのナショナリズム的な文化対立である。端的に言えば、ドイツ人たちは「われわれの音楽はフランスやイタリアのような軽薄なものではない！」と思い込んでいるし、フランス人やイタリア人にすれば「ドイツの交響曲のような小難しいものはうざったい、音楽はもっと楽しくなくちゃ！」ということになる。互いが互いを意識しながら、両者は発展してきたわけで、われわれが「クラシック」と呼んでいるものは決して一枚岩ではなく、対立する二つの音楽文化からできていたのである。

それでは、ドイツにはイージーリスニング的音楽はなかったのかといえば、もちろんそんなことはない。ドイツ語圏における肩の凝らないクラシックの典型は、「家庭音楽」と呼ばれるジャンルである。

これは文字どおりアマチュアが自分の「家庭」で楽しむために作られた音楽であり、シューベルトの《即興曲》や《楽興の時》といったピアノ小品、あるいは《軍隊行進曲》のような連弾がその代表だと思えばいい。ホールで演奏される交響曲や協奏曲やピアノ・ソナタ、あるいはサロンで弾かれるきらびやかなピアノ独奏曲は、すべてプロの演奏を想定して書かれている。だから技術的にも難しい。素人にはなかなか手が出ない。

しかし家庭音楽はアマチュアのための音楽だから、極めて平易に書かれているのが特徴である。

家庭の居間で演奏されるという点で、家庭音楽は一見、フランス系のサロン音楽と似ているように見えるが、実は両者の性格は水と油と言えるほどに異なっている。それはこういうことだ。例えばショパンの《別れの曲》やリストの《愛の夢》をシューベルトの《即興曲》と比べてみよう。右に述べた技術難易度だけでなく、両者の根本的な性格の相違は明らかである。一言で言えば、ショパンやリストがもつ華麗と色気と洒脱(しゃだつ)が、シューベルトにはまったく欠けているのである。後者はもっと素朴でほのぼのと温かく、ただし洗練された貴婦人を魅了するような華やかさはない。いわば「女性にもてたい人が弾く音楽」ではない。

一九世紀においてサロン音楽がどんな場所で弾かれていたかを知るのに格好の映画がある。ヴィスコンティの映画『イノセント』である。

始まって間もなく、サロン・コンサートの場面が出てくる。初老の女流ピアニストがショパンの《子守歌》や《別れのワルツ》などを次々に弾いていく。一部の客は熱心に耳を傾けているが、大半の人々は他愛のない雑談に興じている。その場にたまたま新妻とやってきた主人公は、そこで自分の愛人である、さる貴婦人と鉢合わせしてしまう。気位の高い彼女は、妻の前で狼狽（ろうばい）し色々と弁解する主人公を見て激怒し、捨て台詞（ぜりふ）を投げつけて場を立ち去る。

だが二人の会話がどんなに険悪になろうとも、それは決して怒声へと昂（たか）ぶることはない。相手を絶望のどん底へ突き落とす皮肉も、常に抑制した慇懃（いんぎん）でささやくような声音で口にされ、そして背後にはずっとショパンの《別れのワルツ》が流れている……。サロン音楽にはこうした刹那的なダンディズムがよく似合う。

それに対してドイツ系の家庭音楽のイメージは、いわばプロテスタント的な真実の家族愛で満たされた、心温まる親密さだ。浮気などはもってのほか。暖かく燃える暖炉のかたわらでお祖母さんが編み物をし、孫娘は詩集を読み耽っている。そして夕食後のひと時、お父さんとお母さんがシューベルトをピアノで連弾するのである。あるいはリートでもいい。お母さんの、あるいは娘の弾くピアノ伴奏で、音楽好きのお父さんがシューマンの《詩人の恋》とか《リーダークライス》といった歌曲を歌ったりするイメージなのだ。

ちなみに連弾曲といえば、フォーレ《ドリー組曲》やドビュッシー《小組曲》、ラヴェル《マ・メール・ロワ》のような、フランス系の名作も多い。ただしこれらを実際に自分で弾いてみると、音楽の体質がドイツ系連弾の実直さとまったく違っていることがわかって、たいへんに面白い。要するにフランス系の連弾曲というのは、えらく色っぽいのだ。誰かと一緒に並んでピアノの前に座って弾いていると、相手の指にこちらのそれが絡みつくような動きがしょっちゅう出てくる。音符のとおりに弾くと本当にそうなるのだ。連弾相手が妙齢の女性だったりすると、妙にドキドキしてくる。やはりフランス系の音楽にはどこか「口説き」や「誘惑」が入るのである。

連弾やリートと違っていくつか留保をつけなければいけないが、弦楽四重奏も家庭音楽の一種と言っていいだろう。もちろん弦楽四重奏は「イージーな」ジャンルではない。むしろ交響曲と並ぶ、いや交響曲以上の「難解で形而上学的なドイツ音楽」の典型と言っていい。とりわけベートーヴェンの晩年の作品などはそうだ。そもそも交響曲と同じく、ドイツ語圏以外の弦楽四重奏というのは、非常に少ない。極めてドイツ的なジャンルなのである。

ただし弦楽四重奏は本来、コンサートホールでプロが粛々と演奏するために書かれた音楽ではなかった。誰かの自宅に音楽好きの仲間たちが集まって、時を忘れて合奏を楽しむ、そういう愉悦の時間のために作られた音楽なのである。例えばハイドンとモーツァルトも一緒に弦楽四重奏を合奏して楽しんだし、そういう中から彼らの晩年の最高傑作も生まれてきた。

もちろん弦楽四重奏の傑作には演奏難度が非常に高いものもある。ベートーヴェンなどは典型である。だが——哲学者のアドルノが伝えるところによると——例えば一九世紀のウィーンには、仲間内で集まって初見でベートーヴェンを弾きこなすようなアマチュアが少なからずいたという。彼らの職業としては弁護士、官吏、そしてとりわけ医者が多かったらしい。アドルノいわく彼らは、一心不乱に音楽の世界に遊ぶことによって、しばしば嘔吐を催すような日常の職業生活を束の間逃れるべく、弦楽四重奏を楽しんだ。それは純粋な遊戯であると同時に、精神を高めてくれる比類のない時間でもあった。たとえ娯楽であってもそこに精神性を求める——これがドイツ語圏の音楽文化の大きな特徴である。

オペラとオペレッタは違う！

最も有名なオペレッタといえば、何といってもヨハン・シュトラウス二世の《こうもり》だろう。その次に来るのがレハールの《メリー・ウィドウ》あたりか。フレンチ・カンカンで有名なオッフェンバックの《天国と地獄》を思い出す人もいるかもしれない。これらはよく日本でも上演されるし、理屈抜きで見て楽しい。コンパクトで劇進行もテキパキしており、次々に親しみやすいメロディーが出てきて、おまけにオペレッタは入場料も安い。

「オペラ」が極めつけの豪奢（ごうしゃ）さを誇るのに対して、オペレッタは大衆のための娯楽である。日本では何となく類似のジャンルのように思われているが、実は両者はまったく違うジャンルなのだ。

オペラとオペレッタの違いを箇条書きにしておこう。まず前者の多くが歴史劇や神話を題材にして、文学的な格調高さを保とうとするのに対し、後者はほぼ例外なくドタバタ喜劇である。またナンバーとナンバーの間（個々の歌唱と歌唱の間）が、オペラはレチタティーヴォ（朗読調の歌唱）で重々しく歌われるのに対して、オペレッタではセリフによってスピーディーに運ばれる。つまり芝居の要素が強い。そしてオペレッタの歌やオーケストラの技術難度は、オペラとは比べものにならないくらい低く、したがって多くのオペレッタは超絶技巧を操る歌手というより、むしろ歌もできる芸達者な役者といったキャラクターの歌手によって歌われる。またオペラが下手をすると五時間近くかかるのに対して、オペレッタは二時間ほどで済んでしまうことが多いし、舞台もオペラの豪華絢爛に対して、オペレッタはあまりお金をかけない。

オペレッタは、値の張るオペラになかなか行けない庶民のための代用品として生まれた。レビューやミュージカル、日本の宝塚歌劇や浅草オペラのルーツもまた、一九世紀のオペレッタにあった。実際ヨーロッパでは、《キャッツ》や《ウエスト・サイド・ストーリー》や《オペラ座の怪人》などの公演は、オペレッタ劇場で行われるのが常だ。

オペレッタはあくまで「風俗」である。それも極めて大衆的な。オペレッタもまた、今では「クラシック」に分類されているが、かつては娯楽だったジャンルなのだ。

面白いことにオペラとオペレッタの違いは、両者を上演する劇場のヴィジュアル面にもはっきり現れている。まずヨーロッパの大都市において、オペラ劇場は宮殿のすぐ近くの、街のシンボルのような場所に鎮座している。単に地理的に真ん中にあるというだけではない。宮殿とセットのように建てられていることからもわかるように、オペラ劇場こそその都市の神話的な中心なのだ。パリにしてもベルリンにしてもウィーンにしてもミュンヘンにしてもミラノにしてもそうだ。オペラ劇場の横にはしばしば、これまたそれとセットのようにして、その街の最高級のホテルが建っていることも面白い。ウィーンならホテル・ザッハー、ミュンヘンならホテル・フィアヤーレスツァイテンといった具合だ。そしてブティックもオペラ劇場に近づくほど加速度的にランクが上がっていく。

それではオペレッタをやる劇場はどうか？　イタリアにはそもそもオペレッタというジャンルがなかったし、フランスではもうオペレッタはあまり上演されないので、専用の劇場もなくなっているが、ドイツ語圏には今でもオペレッタだけを上演するいくつかの劇場がある。その代表であるウィーンのフォルクスオーパーを例に取ろう。「オペラ」を上演する国立歌劇場の兄弟分のようなものを想像してここを訪れると、ずっこけるような思いをすること間違いなしである。そもそもロケーションからして、街の中心からだと地下鉄の乗り継ぎをしなくてはならないような、かなり辺鄙な場所にある。そして目的の駅で降りて二度びっくり。周囲は何となく薄暗く、人気もあまりなく、車がびゅんびゅん飛ばす国道の傍らのようなところなのだ。食事をするところといえば古いビアホールかギリシャ料理店のようなものしかない。洒落たカフェなどどこにも見当たらない（国立歌劇場の周りにはオシャレな店がいっぱいある）。劇場の建物も地味で、壮麗というには程遠く、国立歌劇場より二回りくらい小さな印象を与える。いかにも「文化の殿堂」然とした国立歌劇場とは対照的に、地方公民館とか一昔前の映画館に似ていると言えるかもしれない。

一九世紀においてオペレッタ業界の最大の人材供給地はウィーンであった。映画『第三の男』の有名な観覧車の場面が撮影されたプラーターという地区は、日本でいえば浅草のような場所で、ここには数多くのオペレッタ劇場が開かれていた。そしてウィーンにはクレズマー（東欧で発展したユダヤの大衆音楽）系の多くの楽師たちが職を求めて集まってきたが、とりわけ幅を利かせていたのはユダヤ人である。作曲家や台本作者や歌手、そして興行師の多くがユダヤ系であり、オペレッタ業界は彼らなしではやっていけなかったとすら言ってよい。

二〇世紀になると、とりわけナチスの迫害を逃れて、これら多くのユダヤ系オペレッタ業界人が、アメリカへと移住していく。そして彼らの主だった「就職先」はブロードウェイでありハリウッドであった。ミュージカルにしろ映画音楽にしろ、作曲家やアレンジャーや演奏家には、無数のウィーン系ユダヤ人が含まれていた。

映画『カサブランカ』や『風と共に去りぬ』のテーマ音楽で知られるマックス・スタイナーもまた、こうしたアメリカに渡ったウィーン出身のユダヤ人である。ハリウッド流の映画音楽マニュアルを築いた人として有名なスタイナーは、プラーターの遊園地「ウィーンのヴェネツィア」の経営者を父に、そして《こうもり》や《メリー・ウィドウ》などのオペレッタの名作が初演されたアン・デア・ウィーン劇場の監督を祖父にもっていた。彼はウィーン芸能界を仕切る一族の出身であったわけだ。リヒャルト・シュトラウスが名付け親だった彼は、ブラームスにピアノを学び、マーラーにもアドバイスを受け、わずか一五歳でオペレッタ作曲家として名を上げることになったのだが、一九一四年にアメリカへ移住。ブロードウェーのアレンジャー兼指揮者を務めた後、ワーナー・ブラザーズの専属作曲家になって、大成功を収めた。

スタイナーは、アメリカ映画界へ流出したウィーン・オペレッタ人脈のほんの一例にすぎない。映画といえば、一九三〇年代に流行した「オペレッタ映画」も忘れてはなるまい。有名なドイツの映画会社ウーファが作った『会議は踊る』（一九三一年）などが典型である。ちなみにこの映画の音楽を担当したウェルナー・リヒャルト・ハイマンも、のちにハリウッドに渡っている。このようにウィーンのオペレッタは、人材という点で、のちのミュージカルやハリウッド映画に直につながっていったのである。

バッハはお好き？

音大ピアノ科の学生相手に授業などをしていてよく思うのだが、バッハが好きか嫌いかではっきり人のタイプが二つに分かれる気がする。「音楽の父」のはずのバッハであるが、必ずしも音楽家志望の学生に人気が高いわけではない。《インヴェンション》や《平均律クラヴィーア曲集》などはピアノのレッスンで必ず弾かされるものであるが、多くの学習者にとってこれらは「いやいややらされる退屈な課題曲」以上のものではないはずだ。「いつの日かショパンを、シューマンを、チャイコフスキーを弾きたい！」と夢見る人は多いだろうが、バッハはあまりこういう憧れの対象ではない。

しかしながら音大生にも時として例外がある。はっきり「（ショパンでもラフマニノフでもなく）私はバッハが一番好きです」と口にする学生はいるのである。ちなみにこういうタイプは、バッハが「好き」というより、むしろバッハは「すごく面白い」という言い方をするイメージだ。ここに表れているように、バッハ好きにはかなりはっきりしたキャラクターの共通点があって、端的に言えば頭のいい学生が多いのである。そう、バッハが好きな、だらしのない劣等生などというものは、想像もできない（もちろんバッハが退屈と思う学生は頭が悪いなどと言いたいわけではない！）。情より知がまさっていて、言うことが明晰で、安易に感情に流されず、得意科目は数学だというような人。こういうタイプに、バッハ好きは多い。

それに対して、バッハを退屈がる大多数の学生に人気があるのは誰かと言えば、ピアノ科でいえばショパンでありシューマンでありラフマニノフであり、オーケストラ好きならワーグナーやマーラー、声楽志望ならヴェルディやプッチーニあたりだろう。どれもコテコテのロマン派だ。これらの作曲家がもたらしてくれる圧倒的な昂揚感は、音大生たちのヒーロー／ヒロイン願望を存分に満たしてくれる。

そもそも音楽とは、まったく対照的な、二つの矛盾した顔を持つ芸術である。一方でそれは人の情念や本能に激しく訴えかける神秘的な魔術である。しかし他方で音楽は、数学に極めて似ている。抽象的な秩序であり、構造であり、最も科学的な芸術なのだ。実際、弦の長さの比率と音程の関係を発見したピタゴラスをはじめ、古代ギリシャにおいて音楽は一種の科学だと思われていた。また中国の古代思想のように、音楽を宇宙の構造の模像のように考える伝統も珍しくない。バッハの中には、こうした数学的な音楽観が、色濃く残っている。彼の作品、とりわけフーガの類いは、音で組み立てられた一つの「小宇宙」であり、「世界」の構造の鳴り響くミニチュアなのである。

今日の私たちは、音楽といえば人間の自己表現であり、人間の楽しみであると思い込んでいる。「ベートーヴェンはかくかくしかじかの悩みの中からこの曲を作った」——こう考えて音楽に入れ込み、感動を味わい尽くす。こういうベートーヴェンの聴き方と、カラオケで演歌を歌う酔客の間に、実はあまり大きな違いはない。だが忘れてはならない。音楽が人間の自己表現であり、人間の娯楽であるという考え方の背後にあるのは、極めて近代的な人間中心主義である。これは長い人類の歴史の中では比較的新しく出てきた音楽観であり、決して普遍的なものではないのだ。

周知のように、ほとんどすべての音楽の起源は、ほぼ例外なく宗教儀式である。音楽は神に奉納されるものだったのだ。相撲などと同じである。つまり音楽は神に楽しんでいただくものであり、人間が手をつけていいものなどではなかった。神の作った宇宙を褒め称えるための、その鳴り響くミニチュアであり、音楽で人間の感情を表現するなど冒瀆であった。

バッハは長らく、プロテスタント教会の牙城の一つだったライプツィヒの聖トーマス教会のカントル（音楽担当の神官のようなものと考えればわかりやすいかもしれない）であった。彼は子供たちの合唱などを指導し、ミサのたびにオルガンを弾き、あらゆる儀式のための典礼音楽を書いた。彼にとって音楽を書くとは、神に仕える行為であったと言っても過言ではないだろう。バッハの中に、現代人が音楽に求めがちな感動とか自己表現とかがほとんどないのは、このあたりと深く関わっている。

バッハにショパンやワーグナーやヴェルディのような人間感情の昂揚陶酔を求めても、肩透かしを食らうだけだろう。それは感動するものではなく、知的に楽しみ、理解し、そして驚嘆するもの、という性格のほうが強い。「なんと見事な手順で音を配置していくことか！」とでもいうような、いわば数学の難問の解法に似た美しさを、そこに感じる音楽なのである。

ただしそんなバッハも、時として凄まじい感情を爆発させることがある。それは《マタイ受難曲》のような、いくつかの宗教音楽においてである。プロテスタントというのは一種の原理宗教であり、その由来からして、かつては極めて戦闘的な宗教であったという事実を、恐らく忘れてはならないだろう。そんなプロテスタントの音楽の神官が、バッハであった。

こう言ってよければ、《マタイ受難曲》は一種異様な音楽である。イタリアなどのカトリック圏では、いわゆる四旬節（十字架にかけられたキリストの復活を祝う日）の前の四〇日間、オペラ上演を禁止する代わりにオラトリオをやる習慣があった。オラトリオとは、宗教的な主題による、舞台のないオペラだと考えればいい。ヘンデルの有名な《メサイア》もこれだ。そして受難曲はオラトリオのプロテスタント・ドイツ版であって、ここではキリスト受難の物語を舞台のない音楽劇として描く。この舞台のないドラマを音楽つきでやれば受難曲になる。それは信者が喪に服す期間のための音楽である。こうしたジャンル特性を反映しているのであろう。《マタイ受難曲》は尋常ではない情念と悲嘆と懺悔と阿鼻叫喚に満ちている。怒濤のような音楽が延々三時間にわたって続き、「汝の罪を悔いよ」、「主は汝らの罪をすべて背負って十字架にかけられたのだ」と聴き手を苛み続ける。

もちろん《G線上のアリア》や《主よ、人の望みの喜びよ》のような「聴きやすい」バッハも、少しはある。だが《フーガの技法》とか《音楽の捧げもの》といった彼の有名作品を聴いて、最初はさっぱり何のことだかわからなかったとしても、そんなに自信を喪失する必要はない。控えめに言ってバッハは、実は相当に特異な作曲家であって、誰でも気軽に聴いて、すぐにいいなと思えるような代物ではない。

対位法の難しさ

「バッハの音楽はそう簡単にわかるようなものではない」と再三力説した。正直言えば私自身、バッハは非常に苦手である。そもそも私はロマン派大好き人間なので、ヒロイックな気持ちの高揚だとか、甘い旋律だとか、切ないハーモニーといった情緒的な楽しみを禁じられてしまうと、まったく音楽についていけなくなる（多くの人がそうだろうが）。しかしまさにこの禁欲性こそが、バッハの音楽の大きな特徴なのだろう。サガンの小説の題名をもじって「バッハはお好き？」と尋ね回って、本当に心からイエスと答える愛好家の数は、実はそんなに多くないのではないかとすら、密かに考えている。

ところでバッハの音楽がしばしば難しくなる理由は、彼が得意とした「対位法」という作曲技法と深く関連している。対位法にもいろいろなパターンがあるが、「フーガ」

とはその中でも最も高度な技術がないと書けないタイプの楽曲であった。そしてバッハは歴史上最も偉大なフーガの名手であり、あろうことか、即興でフーガを作ることすらできたようである。では対位法とは何か。これを説明するのは極めて難しいが、避けて通るわけにはいかない。

まず一つ確認しておこう。既に述べたように、音楽には人の情動を激しく揺さぶるデモーニッシュな力と、ほとんど数学的秩序にも似た客観的な構造性という、二つの矛盾する顔が同居している。確かに音楽は人の気持ちを高揚させる。だが気持ちとインスピレーションだけでは、音楽は書けない。気持ちの高ぶりだけで数学の問題は解けないのと同じだ。音楽は音響学的な法則に基づく科学的な芸術でもあるのであって、例えば「次はあのラの音へ行きたい！」と気持ちで思っても、そのラの音がハーモニーの法則に合致しなければ、ただの調子はずれなのである。その都度選べる音の可能性は、音響法則上、自ずと限られてくる。いくらラの音に行きたかろうが、使える選択はシからフラット(♭)だけ、ということだってしょっちゅうだ。

バッハの気が遠くなるような偉大さは、まさにこの点にある。音を秩序正しく配置して、一つの小宇宙を組み立てていくという点で、史上最高の作曲家がバッハであったことは、これまでも何度も書いた。少し卑俗な喩えかもしれないが、まるでレゴブロックを組み立てるようにして、どんな音の「かたち」でも、流れるように、自在に書けてしまう。この点で彼を凌ぐ作曲家はただの一人もいなかったと断言できる。ショパンやチャイコフスキーやワーグナーなどバッハの足元にも及ばないし、モーツァルトやベートーヴェンですら、バッハには敵わなかったと言っていいだろう。そしてバッハの作曲技法の凄さが最も端的にあらわれるのが、対位法なのである。

対位法的な音楽の説明の前に、その反対語を紹介しておこう。それは「和声的音楽」である。こちらのほうが定義ははるかに容易だ。メロディーがあって、それをハーモニーが伴奏する音楽である。要するに私たちが馴染んでいるほぼすべての音楽——ベートーヴェンからショパンからポップスから演歌まで——が、和声的な音楽なのである。ライン（＝旋律）＋支え（ハーモニー）の音楽と言ってもいいだろう。

それに対して対位法的な音楽は、複数のラインが束ねられてできている音楽である。そして多くの場合、複数のラインはどれも同じメロディーを奏でるのだが、各々が少しずつずれて入ってくる。小学校の時に歌わされた《静かな湖畔》の輪唱などは、その典型である。同じメロディーが次々に等間隔で遅れて入ってきて、ぐるぐる回る。これはいわゆるカノンと呼ばれるもので、対位法の最も簡潔なかたちと言っていいだろう。そしてこれがもっともっと複雑になったものがフーガだと、とりあえず考えておいてほしい。

カノンやフーガを書く難しさは、いったんメロディーを設定したら、そしてメロディーが次々に入ってくる間隔を決めたら、それを途中で変更してはならないという点にある。等間隔で同じ旋律がずれて入ってきて重なり合っても、絶対に不協和音が生じてはならない。これは気持ちの問題ではない。解法の問題である。

試しにバッハの《平均律クラヴィーア曲集》のフーガを、どれでもいいから注意深く聴いてみよう。ラインはたいてい三つか四つある。これを「三声（あるいは四声）でできている」という。どのフーガでも、まず伴奏なしである声部（ライン）単独でテーマが示される。次にだいたい一小節半から二小節くらいずれて、もう一つの声部が同じテーマを演奏し始める。だが先に入っていた声部はそのままテーマの続きを紡ぎ続けている。そこに折り重なるようにして、第二の声部が入ってくるのである。にもかかわらず不協和な響きはまったくできない。そしてさらに同じ間隔を空けて、三つ目の声部が入ってくる。どれだけ声部が折り重なっても、すべての音と音とが完璧に接合されている。

バッハのフーガは、どれも神業のような小宇宙だ。まるで物理学の法則のように、法則から外れたことは何一つ生じず、それ自体で完璧に調和している。大小の無数の歯車が精巧にかみ合わされて、一分の狂いもなく時を刻み続ける時計に似ていると言えるかもしれない。


よく知られていることだが、バッハは死後かなりの間、半ば忘れられた作曲家であった。彼の息子たちの多くもまた、かなり名の知れた作曲家となったが、例えばカール・フィリップ・エマヌエル・バッハやヨハン・クリスティアン・バッハのほうが、一八世紀の後半においては父より有名だった。だから例えばモーツァルトにしても大バッハの作品を知ったのは晩年になってからであったが、この出会いは彼に途轍もない衝撃を与えたようである。モーツァルトもまたフーガを書き始めるのである。

モーツァルトの交響曲第四一番《ジュピター》の第四楽章は、彼のバッハへの熱烈にして壮大なオマージュである。これはソナタ形式でできた楽章だが、その展開部、つまり真ん中のあたりで、長大なフーガになるのである。しかもバッハのような厳めしいフーガではない。しなやかで生きる喜びに満ち溢れ、華やかで壮大でいて、機知に富み、ときめきで弾けるようなフーガ。これはモーツァルトとバッハの出会いから生まれた奇跡のような音楽である。

ワーグナーにもバッハを強く意識した音楽がある。《ニュルンベルクの名歌手》である。これはルネサンスの時代のニュルンベルクを舞台にしたオペラで、至るところに対位法的な音楽を配置することで、古風で厳めしい雰囲気を巧みに作り出している。有名な前奏曲を聴けば、そのあたりはすぐにわかるはずだ。フーガほど厳格ではないにせよ、複数のメロディー・ラインを同時に重ね合わせる対位法的な書法が、どこを聴いても見つかる。もしいきなりバッハのフーガを聴くのがハードすぎると思うなら、是非《ニュルンベルクの名歌手》前奏曲あたりから対位法的な音楽に慣れることを勧めたい。厳かでありつつどことなくユーモラスで、重厚にして祝祭的なその晴れがましさは、本当に比類がない。

バロック音楽の楽しみ方

「～の楽しみ方」といったフレーズが似合う音楽ジャンルと似合わないそれがある。ベートーヴェンの楽しみ方、ショパンの楽しみ方、ビートルズの楽しみ方、マイケル・ジャクソンの楽しみ方――なんだか変だ（少なくとも私はそう感じる）。こういうものについて人は、わざわざ楽しむマニュアルなど教えてもらわずともいい。楽しむには聴けばすむ。

しかし「邦楽の楽しみ方」とか「現代音楽の楽しみ方」とかは違和感がない。「ヨーロッパ・ジャズの楽しみ方」とか「ラテン音楽の楽しみ方」とかもいいかもしれない。要するに「～の楽しみ方」式のガイドが欲しくなるのは、ちょっと興味はあるのだけれど、一聴して問答無用でノックアウトしてくれるようなパワーには少々欠ける、理解を深めるにはいろいろ細々した情報が必要だと見える、そういうジャンルである気がする。そしてバロック音楽もまた、典型的な「楽しみ方ガイド」が似合う音楽ジャンルである。

正直バロック音楽は、いわゆる現代音楽と並んで、私が最も苦手とするジャンルである。古楽といっても中世やルネサンスの音楽に対して、私はそんなに苦手意識はない。もちろんこの時代の専門家ではないけれども、理屈抜きで聴いて楽しい、美しい、もっと聴きたいと思う。しかしバロックはダメだ。何を聴いてもさっぱり区別がつかない。だいたい本当に大作曲家なのか、単なる歴史上の名前なのか、よくわからない名前が無数にある。カヴァッリ、シャルパンティエ、リュリ、ブクステフーデ、スウェーリンク、テレマン等々。誰を聴いてもあまり区別がつかない。一発ノックアウトされるような曲になかなか巡り合えない。流し聴きしていれば確かにきれいで快適なのだけれども、私はそもそもそういうＢＧＭ的な聴き方を好まないので、いかにも歯ごたえに欠けるように思えて物足らない……。

バロック音楽で圧倒的に知名度があるのは、何といってもバッハとヘンデル、そしてヴィヴァルディあたりだろう。しかし先に述べたことは、正直言えば、これらの超メジャー作曲家についてもある程度あてはまる。もちろん彼らともなれば、他の誰にも似ていない圧倒的な個性の刻印はある。それでも例えばバッハですら、《フランス組曲》とか《イギリス組曲》(どちらも第六番まである)など、いまだに私はどれが何番なのかよく覚えられない。これが私をイライラさせる。

バロック音楽がどれも似たり寄ったりに聴こえてしまうことを、かつての私は隠して口外しなかった。言うまでもなく、バッハの組曲の区別がつかないなどということは、専門家として恥ずかしいことだという意識があったからである。しかし今の私は、実際ここでそうしているように、この問題についてもう居直っている。はっきり言えば「区別がつかなくてもそんなに恥ずかしいことではない」と自分に思い込ませている。

バロック音楽の多くは一種の宮廷のBGMだった。花火大会、舟遊び、晩餐会(ばんさんかい)、午後のお茶会、騎馬試合、狩り、祝典行事——ありとあらゆる催しが、音楽で彩られていた。バロック音楽はコンサートで粛々と傾聴するようなものではなく、特定の場のために書かれた音楽だった。それは場を一定の色彩と気分で浸すことを主目的とする音楽だった。荘厳な、陽気な、優雅な、華やかな、穏やかな気分を音楽で作り出して、その場の行事が続いている間、それを保っておくことが何より大事な役目であった。一曲一曲に強烈な個性があることは、まったく求められてはいなかった。こんな音楽であるから、同じＴＰＯ（例えば午後のお茶会）のために作られた曲同士がよく似ていたとしても、ある意味で当然なのである。

バロック音楽の多くに起伏があまりないことも、これと関係している。ウィーン古典派以後に主流となるソナタ形式が、主題と主題の対立とか展開といった盛り上がりを随所に配置するのとは対照的に、バロック音楽の多くはＢＧＭだから、あまり人々の気分を激しく乱すことはしない。フォルティッシモもピアニッシモも、ほとんど出てこない。いわば曲の調子は最初から終わりまで、メゾ・フォルテあたりの中庸の音量で保たれている。ところが私のように、音楽の中に「ドラマ」を求めたい人間がこれを聴くと、眠くなったり退屈したりしてしまうわけである。

「宮廷のＢＧＭ」としてのバロック音楽の新たな楽しさを存分に引き出し始めたのが、最近盛んになってきた、いわゆるピリオド楽器による演奏である。これは古楽演奏の中から出てきた潮流で、バロックやウィーン古典派の音楽を、それが作曲された時代の楽器やそのレプリカによって演奏する流儀である。

従来はバッハであれヴィヴァルディであれ、現代の楽器――それは総じて一九世紀後半に今の形が固まった――で演奏するのが常であった。だが同じヴァイオリン、同じオーボエ、同じトランペットといっても、バロック時代のそれは、今日の楽器とは似ても似つかないようなものであった。

材質が違うものも多く（例えばフルートが金属になったのは一九世紀半ば以後である）、管楽器の弁の数は今よりずっと少なかったせいで恐ろしく演奏しにくかったが、その代わりに木管はとても柔らかな、そして金管は抜けるような明るく華やかな音色をもっていた。また弦楽器はヴィブラートをほとんどかけないなど、演奏の仕方も相当今とは違っていた。そして調律のやり方もまったく今とは別物だった。

こうした当時の楽器、そして当時の演奏習慣を復元して弾くと、バロック音楽はまったく別のものへと変貌する。次から次へ目にも鮮やかな響きのフルコースが出てくる。ピリオド楽器で演奏するバロック音楽は、総じて驚くほどなまめかしい。口当たりはいいが、濃厚なアルコールの芳香を放つ白ワインを、いつも私は連想する。また時として、宮廷の道化師の声音を思い出させるような、びっくりするようなグロテスクな響きが混ざり込んできたりする。

「バロック」とはもともと美術用語で、「歪（ゆが）んだ真珠」を意味していた。端正な古典美の真逆の、ちょっと崩れていて、華麗とグロテスクと誇張が同居した、妖しい魅惑。それが「バロック」の原義であった。ピリオド楽器によるバロック音楽は奇想天外、まさにバロック的である。それはいわば宮廷の「饗宴」に似ている。一八世紀後半のウィーン古典派以後のような、「ドラマ」ではない。起承転結があるというよりは、次から次へと果てしなく見たこともないような皿のフルコースが出てくるのだ。

　テレマンはバッハの同時代の最大の売れっ子作曲家だったが、彼の代表作の一つに《ターフェルムジーク》がある。直訳すれば「食卓の音楽」であり、文字どおり食事の伴奏をする室内楽であるが、このジャンルにテレマンは無数の曲を残した。卓越したピリオド楽器奏者で聴くこの曲集は、とにかく理屈抜きで楽しい。あまり真剣になりすぎる必要はない。全部の曲を大真面目で聴いたらげっぷを起こすかもしれない。どの皿もつまみ食いでいい。でもどれも美味。これはそういう音楽である。

モーツァルトの凄さとさりげなさ

一昔前までクラシックのシンボル的な作曲家といえばベートーヴェンと、相場は決まっていた。「昭和なクラシック・ファン」の通俗的イメージとは、クラシック喫茶で何時間もロマン・ロランの『ジャン・クリストフ』を片手に、難しい顔でベートーヴェンを聴きふけるといったものだったと思う。人生とは何か、絶望と希望とは何か、どうやって苦悩を乗り越えるべきか――ベートーヴェンとはこうした悩みに応えてくれる音楽であった。

何となく世間におけるベートーヴェンの影が薄くなり始めたのは昭和の末期、バブルの時代あたりからであった気がする。それは侃々諤々（かんかんがくがく）と人生について語ったりすることを「根暗（ねくら）」で「ダサい」とする風潮と、ほぼ軌を一にしていた。代わって、かつてベートーヴェンがそうであったように、狭いコアなファンのサークルを超えて、クラシック音楽全体のシンボルになり始めたのがマーラー、そしてモーツァルトであった。オープンしたばかりのサントリーホールでマーラーを聴くのが、東京の若者の間でどういうわけか「オシャレだ」とブームになり、そして映画『アマデウス』が爆発的なヒットを記録した。サントリーホールのオープニングは一九八六年、『アマデウス』の日本公開は一九八五年だから、まさにバブル前夜である。

マーラーについてはまた語るとして、まずはモーツァルトである。『アマデウス』におけるモーツァルト像は、確かに従来のベートーヴェン的な「偉大な大作曲家」のイメージを覆すものではあった。モーツァルトが本当にそういう人間であったかどうかは別として、イカれてエキセントリックで天衣無縫で軽佻浮薄(けいちょうふはく)な天才という、従来クラシック音楽にあまりなじみのなかったキャラクターを、それは持ち込んだ。この「かる〜い」天才像は、当時のバブル期の日本人のメンタリティーにぴったり合うものだったのだろう。世界的に見ても、モーツァルトが爆発的な人気を博すようになったのは、いわゆるポストモダンの時代に入ってからだったように思う。つまりベートーヴェンが体現していたのがモダン的な汗臭さ、頑張る物語、苦悩して成長するストーリーであったとすれば、こうした「大きな物語」を全否定するポストモダンの時代の音楽的シンボルに祭り上げられたのが、モーツァルトであった。

先にも述べたように、恐らくモーツァルトはクラシックで今最も売れる／話題になる作曲家の一人であろう。その売れ方も「あの曲が素晴らしい」といった純音楽的な話題を超えて、やれモーツァルトを聴かせながら熟成させた日本酒だの、やれモーツァルトは胎教にいいだのといった、ほとんど健康食品ブーム的な次元にまで及ぶ。しかし正直言えば、私はどうしてこれほど理解が難しい作曲家がこんなにも売れるのか、常々いぶかしく思ってきた。恐ろしく難解なのに、どういうわけか売れる作曲家といえば、バッハとモーツァルトが双璧だとすら思う。バッハの難しさについてはすでに語ったが、モーツァルトの難しさはまたそれと性格が違う。確かにモーツァルトの音楽はとても人懐っこい。いつも比類なく優美だ。しかしその背後には、時に恐ろしく意地悪く、あるいは絶望的で、あるいはシニカルな、一筋縄ではいかぬ仕掛けが隠されているのだ。

モーツァルトの音楽は美しい。神の恩寵のごとき美という点で、彼はラファエロによく似ている。しかしこの美しさを額面どおりに受け取っていいかどうかは別問題だ。このことを考える時いつも私が思い出すのは、いわゆるパリ旅行のときに彼が父親に書いた手紙のことである。よく知られているが、モーツァルトの父レオポルトはステージ・パパ／ママのはしりのような人間であった。ザルツブルク大司教に仕えるしがない楽師だった彼は、息子アマデウスに異様に才能があることを早くに見抜いた。そして自分の仕事はそっちのけで、彼を姉ナンネルとセットにしてヨーロッパ中の宮廷を旅して回り、プロモーション活動にいそしんだ。ほとんどジャクソン5(ファイブ)の世界である。

最初のうちはすべてうまくいった。どこに行っても宮廷の大人たちはモーツァルトを思い切りちやほやしてくれた。しかし天才子役には必ず潮時がやってくる。薹(とう)が立つにつれて、もう大人は甘やかしてくれなくなる。「普通の人」にならなくてはならない時が来る。父親とのプロモーション旅行も、思春期を迎えたあたりから、あまりうまくいかなくなり始めた。父親もあまりにも(今で言えば)有給休暇を取りすぎるので、大司教からもっと本来の仕事をちゃんとするように圧力をかけられるようになった。

かくして一七七八年のパリ旅行がやってくる。当時のヨーロッパ音楽界の中心だったパリで一旗あげるべく、父親は大ばくちを打つ。自分はザルツブルクを離れられないので、代わりに妻(アマデウスの母親)を世話係として付き添わせ、すでに二二歳になっていたモーツァルトをパリに向かわせたのである。しかし宿命的なこのパリ旅行は悲惨な大失敗に終わった。ほとんど稼ぎもなく、何か定職にありつくこともできず、そのうえ優しかった母親がパリで客死したのである。

七月三日の父への手紙は感動的である。この時、実はもう母親は亡くなっていたのだが、モーツァルトはそれを父に隠した。もう死んでいるのに「お母さんの病気が重篤なのです」と嘘(うそ)をついた。父親を悲しませまいとしたのだろう。そして「(お母さんが)悪寒を訴え、熱っぽいと言い出しました。それから下痢と頭痛が起こりました」と書いてから、「ところで話題を変えます。悲しいことばかり考えるのはやめて希望をもちましょう。でも希望をもちすぎてはいけませんが」と続ける。こうしてパリで初演した交響曲第三一番が大受けした話を綴った後、手紙を「僕はとても嬉しくて、コンサートが終わるとすぐにパレ・ロワイヤルに行っておいしいアイスクリームを食べ、(お母さんのために)願をかけていたロザリオの祈りを唱え、家へ帰りました。僕はいつも家にいるのがいちばん好きです」と締めくくった。だが、もう一度繰り返すが、この時、実はもう母親は死んでいたのだ。

「ところで話題を変えます」――モーツァルトの音楽にはこうした気分の急旋回が至るところに見つかる。そして陽気で優雅な楽想が大盤振る舞いされる。しかし時として音楽の中にふっと寂しそうな表情が浮かぶ。だがそれは本当に一瞬であり、多くの場合――「アイスクリームを食べて家に帰りました。僕は家が大好きです」とでも言うように――何事もなかったように曲は楽しげに終わってみせる。

悲しくなるような陽気さ、ほとんど神々しく見える軽薄さ、それらの交錯が創り出す繊細なグラデーションと気分の推移の目まぐるしさ。うっかりしていると（先ほどの父への手紙と同じく）あっという間に別の気分に音楽は移ろっていく。それについていくのは並大抵のことではない。やはりモーツァルトの音楽はそんなに単純なものではないのだ。

モーツァルトとベートーヴェンの違いについて

ベートーヴェンがモダンの代表とすれば、ポストモダンに合うのがモーツァルトかもしれない。もちろん彼ら二人は、ハイドンと合わせて、俗に「ウィーン古典派の三人の巨匠」と並び称される存在である。共通点もいっぱいある。そもそも交響曲と弦楽四重奏とピアノ・ソナタは、モーツァルトやハイドンが基礎を築き、ベートーヴェンがその上に金字塔を建てたジャンルと言ってもいい。これらの構成上の基礎となるソナタ形式にしても同様である。

にもかかわらず、感性や世界観といった点で、実はモーツァルトとベートーヴェンは水と油のように対照的である。しかもそれは単なる個人のメンタリティーの違いというにとどまらない。その背景には時代の大転換が引き起こした、どうにも埋め難い深い溝が横たわっている。フランス革命である。つまりモーツァルトはフランス革命より前の人であり、対するにベートーヴェンは革命の時代の申し子なのだ。これを意識しておくことは、近代クラシックの歴史の理解にとって、結構重要なことだと私は思っている。

モーツァルトとベートーヴェンは、実はかなり歳が離れている。モーツァルトは一七五六年に生まれて一七九一年に亡くなった。フランス革命の勃発が一七八九年だから、ほとんどそれと同時に亡くなったと言ってもいい。対するに一七七〇年生まれのベートーヴェンは、一八二七年まで生きた。彼の作品一（ピアノ三重奏曲）はだいたい一七九四〜九五年に書かれているから、要するにベートーヴェンは革命後にデビューした人なのであり、しかもモーツァルトより三六年も先まで生きた。この差は大きい。

モーツァルトがまったく知らなかった世界、つまりギロチンやナポレオンの動乱、それに続くウィーン会議、あるいは一九世紀における市民社会の発展を、ベートーヴェンはたっぷり見聞する機会があったわけだ。この違いが音楽に出てこないはずはないだろう。

以前にも書いたが、ベートーヴェンの作品の多く（特に交響曲）は、近代市民のための「頑張りソング」である。みんなで頑張ろう、そうすれば輝かしい未来が待っている！　ドラクロワの描いた『民衆を率いる自由の女神』の絵のように、ベートーヴェンの音楽は市民たちを励ます。輝かしいクライマックスを目指して突き進む。盛り上がりに盛り上がる。交響曲第三番《英雄》や第五番《運命》や第九番《合唱》は、いうなれば高度経済成長期的ノリのイケイケ音楽である。こういう音楽を書くときのベートーヴェンの圧倒的なパワーと輝かしさは、本当に天下無双であった。のちの一九世紀ロマン派の作曲家たちを、それは呪縛し続けた。「クラシック」といえばオーケストラによる圧倒的な盛り上がりをイメージする人は多いだろうが、これはまさにベートーヴェンによって刻印されたものであった。

対するにモーツァルトは、「頑張れば輝かしい未来が待っている！」などといった世界観とは、まったく無縁の人である。そもそも彼が生きたのはいわゆるアンシャン・レジーム、つまりほどなく滅びる運命にあった貴族社会の爛熟の果てであり、天才少年だった幼い頃の彼は、父親に連れられて、もう数十年しか余命のなかったヨーロッパの多くの宮廷を訪れた。モーツァルトの曲のフィナーレは、どれだけ華やかな時であっても、「これでもかこれでもか」と盛り上がったりはしない。限りなく美しいが、どこかはかない。

またモーツァルトの終楽章の終わり方は、どの曲を聴いても比較的パターン化されているのも面白い（これは批判ではない！）。そこにはハッピーエンドがお約束になっているドラマの、楽しき終わりの「シャンシャン」といった趣がある。たとえ本当に「よかったね！」なのかどうかわからずとも、とにかく宴の最後の締めは楽しくやるのである。これが滅びゆく運命にあった貴族たちの矜持（きょうじ）というものである。しばしばベートーヴェンの曲の終わり方が、「これが結論だ！　突き進め！」と言わんばかりの熱狂を見せるのと、それは本当に対照的だ。

短調の曲の作り方の違いも面白い。ベートーヴェンの短調は多くの場合最後に長調に輝かしく転じる。《運命》や《第九》は典型だが、《英雄》も第二楽章の葬送行進曲の短調が、第三および第四楽章で再び長調となる。英雄は復活するのである。ベートーヴェンは絶望から立ち上がる。そのフィナーレは凱歌（がいか）となる。どこまでも彼は人生に対して前向きである。もちろんピアノ・ソナタ第二三番《熱情》のように、短調で始まって、短調の絶望で終わる曲もある。だがそんな時でも彼は――この曲の嵐のようなトーンが示唆するように――果敢に運命に立ち向かうだろう。そして戦いの果てに敗れ去るのである。

それに対してモーツァルトは――ここでもまた彼の同時代の貴族たちに似て――自分の運命に対して恭順である。彼の短調の曲は決して「闇から光へ！　絶望を乗り越えて希望へ！」とばかりに盛り上がって、長調へなだれ込んだりはしない。ピアノ協奏曲第二〇番にしても交響曲第四〇番にしても、音楽はずっと闇に閉ざされたまま推移する。そして時としてそこに長調がきらめくのだが、それはまるではかなげなロウソクの灯(あか)りのように、再び暗がりの中へ消えていく。彼は自分の運命を自分で切り開こうとはしない。むしろそれを甘受する。そのたたずまいは確かに、抗(あらが)いもせず誇り高くギロチンの露と消えた、アンシャン・レジームの貴族たちを連想させるだろう。

もちろんモーツァルトにも、とりわけ晩年の作品になると、壮大な盛り上がりを見せる曲もある。交響曲第四一番《ジュピター》などがそれだ。あるいはピアノ協奏曲第二五番のフィナーレも本当に力強い。こういうものを聴いていると、もうベートーヴェンは目の前という気がしてくる。だがそれでもなお、モーツァルトとベートーヴェンの「盛り上がり」の間には、根本的な世界観の違いが横たわっていることを、決して見逃してはなるまい。

《ジュピター》にしてもピアノ協奏曲第二五番にしても、そのクライマックスはいわば、あまりにも幸せすぎて切なくなるほどの、「刹那」の表現である。繊細で脆くてすぐに壊れてしまいそうな、美と幸福の幻影である。それに対してベートーヴェンの音楽は、良くも悪くももっと頑丈だ。ちょっとやそっとで彼の曲は壊れたりはしない。タフなのである。

私は中高を通してジュニア・オーケストラに入っていた（ちょっと変わった進学校で、吹奏楽の代わりにオーケストラ部があったのである）。ベートーヴェンの《運命》や第七交響曲はやったことがある。十代のアマチュアのアンサンブルでも、とりあえずこれはやれる。《エロイカ（英雄）》や《第九》もそうである（後者はかなり難しいが）。しかしモーツァルトの交響曲を演奏することは、別にプロを目指しているわけでもない高校生には、絶対に無理だ。ちょっとでもピッチが狂ったら、雑な音を出したら、あっという間に瓦解してしまう。かくもモーツァルトの音楽の美しさとは、脆いものなのである。

「後期ベートーヴェン」というスフィンクス

ここまでモーツァルトとの対比で、ベートーヴェンのモダニストぶり――その音楽の高度経済成長期的な「盛り上がり」――を、若干の揶揄(やゆ)を込めて強調しすぎたかもしれない。もちろん今さら撤回する気はないが、ステレオタイプ的にものを言いすぎることには注意しなくてはいけないし、ベートーヴェンを単なる「暑苦しいイケイケオヤジ」のように思われてしまうと、それは本意ではない。そもそも同じベートーヴェンでも晩年になると、作風は相当変化してくる。いわゆる「後期ベートーヴェン」というやつである。

作曲家は後世の研究者のために曲を書いているわけではないから、どこからどこまでが初期で中期で後期かなどということを、はっきり線引きできるはずはない。ただし一般論として、「中期ベートーヴェン」を代表するのは交響曲第三番《エロイカ（英雄）》や第五番《運命》、あるいはピアノ協奏曲第五番《皇帝》などである。それに対して作風が後期に転じ始めるのは一八一四〜一五年あたりで、ピアノ・ソナタ第二七番および第二八番、あるいはチェロ・ソナタ第四番および第五番がその目印となる。いずれも一般に人気があるとはいえない、かなり渋い作品群である。

ベートーヴェンが当初交響曲第三番をナポレオンに捧げようと考えていたことはよく知られているが、時期的に彼の中期はナポレオン旋風の時代とほぼすっぽり重なっている。革命の動乱と新時代到来の熱気が、中期作品には刻印されているのだ。それは右肩上がりの時代、「イケイケ」の時代、輝かしい未来を信じることができた時代の産物なのである。

それに対して後期ベートーヴェンが始まるとされる一八一四年〜一八一五年は、面白いことにいわゆるウィーン会議があった年でもある。映画『会議は踊る』でも舞台になったこのウィーン会議では、オーストリア外相（のちに宰相）メッテルニヒを中心として、ヨーロッパ各国の首脳がウィーンに集まり、ナポレオン失脚後の社会体制が話し合われた。要するにそれはかつての国王支配への揺り戻しであり、旧体制の復活を目的とするものであった。

革命やナポレオンに熱狂した人々に対して、このウィーン会議は総じて大きな幻滅をもたらした。「一体あの革命の夢は何だったんだ……？」——終わってみれば元の木阿弥という徒労感。ベートーヴェンの後期がまさにウィーン会議の時代あたりから始まったことは、決して偶然ではないはずである。中期の作品には、社会ないし歴史と一体になっている熱気が刻まれていたとすると、後期は社会からの疎外の孤独を反映していると考えてもあながち間違いではあるまい。

端的に言って後期のベートーヴェンは、中期のそれのようにわかりやすい「盛り上がり」を見せない。もちろん例外はある。例えば《第九》。これは時期的には完全に後期の作品だが、フィナーレでの合唱の盛り上がりはむしろ中期的である。しかし総じて後期のベートーヴェンは、安易な右肩上がりの熱狂カタルシスを厳しく拒んでいるところがあって、特に晩年の弦楽四重奏や大傑作の誉れ高い《ディアベッリ変奏曲》などは、正直私にはいまだによくわからない。まるでスフィンクスのような音楽である。思うにこれらの後期作品は音楽によるアフォリズム（箴言）であり、何か非常に深い事柄がそこに示唆されているようなのだが、しかしそれは謎めいた簡潔な言葉で断片的に書き連ねられているのみといった風なのだ。中期のように雄弁に滔々(とうとう)と大きな物語が語られることはない。

中期ベートーヴェンのキーワードが「盛り上がりと統合」だったとすると、後期のそれは「断片」である。神様や王様によって一元的に統一されていた宇宙——バッハはこういうものの中で生きていた人だった。しかしフランス革命は、こうした神によって統一(王権神授説という表現からもわかるように、革命までは国王は神の代理人であった)されていた世界を破壊した。そしてベートーヴェンは革命の申し子といっていい世代の人だった。神や王といった扇の要がなくなってしまった世界を、はてさてどうやって再び統合するのか。ベートーヴェンが音楽を通して取り組んだのはまさにこういう問題であり、彼が交響曲第三番や第五番で表現したのは、人間によって、人間のたゆまぬ努力によって、苦悩を通して、最後には輝かしく一つになる世界の夢であった。

ベートーヴェンが中期において描いたのは、世界の主役が神や王から市民になった瞬間の記録だったと言ってもいいだろう。市民が連帯することでもって、世界は再び一つになるのである。その意味で――時期的には後期の作品だとはいえ――《第九》フィナーレのシラーの詩にある「いざ抱き合え、幾百万の人々よ」という言葉は、まさに中期のベートーヴェンの音楽理念を見事に言い当てたものだと言える。しかしながら革命以降の近代世界の歴史がいみじくも示しているのは、世界はもはや統合もされず、調和もしておらず、（ニーチェの言葉を使えば）神が死んだ後はただひたすら果てしなく割れて、無数の断片に解体し続けてきたということである。そもそも革命の直後にすでに恐怖政治が吹き荒れ、人々を戦慄させたのだ。

「最後のベートーヴェンの特色となっている中間休止、唐突な断絶は、出発の瞬間にほかならない。あとに残る作品は沈黙し、空洞を露呈する。［中略］客観的なのはひび割れた風景であり、主観的なのはそれのみがこの風景を燃え立たせる光なのだ。かれは両者の調和ある統合を図ろうとはしない。むしろ分裂する力としてのそれらを、現在時において引き裂いて見せるのだ。おそらくは永遠の記念として保存するために。芸術の歴史において、晩年の作品は破局なのである」『楽興の時』――後期ベートーヴェンの作風をこう表現したのは哲学者のアドルノである。見事な定式化だ。「もっと調和した世界がやがてやってくる」などという夢を苦々しく否定するのが、後期ベートーヴェンなのだ。

世界を「統合されたもの／されうるもの」として描くか、それとも統合不能な世界の分裂を表現するか――ひょっとするとベートーヴェン以後のヨーロッパの音楽は、大きくこの二つの流れに分類することができるかもしれない。「盛り上がる音楽vs盛り上がりをあえて拒む音楽」である。前者はいくらでも例が挙げられる。人気曲のほぼすべてはこれだとすら言えるだろう。ブラームスの交響曲第一番や第二番、チャイコフスキーの交響曲第四番や第五番、シューマンやグリークのピアノ協奏曲等々、無数の例がある。しかし同じチャイコフスキーの交響曲でも、第六番《悲愴》は盛り上がりの拒否を感動的に表現した曲とも言えるだろう。周知のようにこれは作曲家の遺作となったのだが、第三楽章で大いに盛り上がり、そして第四楽章は辞世の句のように静かに消えていくのだ。

かつてマーラーがニューヨーク・フィルの指揮者となってアメリカに渡った時のことである。《悲愴》を演奏しようとしていたマーラーに、マネージャーが第四楽章をカットしてくれるよう頼んだそうだ。いわく「アメリカの聴衆は悲しい終わりが好きじゃないんです」――今も昔も人は、音楽から元気がほしい、ということか。

シューベルトと病み衰える快楽

超の字がつく有名作曲家でありながら、意外に理解するのに難しいところのある人といえば、シューベルトも外せない。かつて彼は、バッハやベートーヴェンと並ぶ、クラシック音楽の代名詞であった。「楽聖」であった。例えば旧制高校世代に属する私の両親など、〈菩提樹〉とか〈野ばら〉とか〈セレナーデ〉といった彼のリートを、ドイツ語の歌詞でそらで歌うことができた。またシューベルトを主人公にした戦前の名画『未完成交響楽』などの筋書きも熟知していた。そしてシューベルトの交響曲第七番（旧第八番）《未完成》は、少なくとも私が大学生の頃までは、ベートーヴェンの交響曲第五番《運命》やチャイコフスキーの交響曲第六番《悲愴》と並んで、オーケストラ・コンサートで最も頻繁に（それこそうんざりするほど頻繁に）演奏される通俗名曲であった。

ひるがえって今日のシューベルト像を考えるに、彼のリートをそらで歌えるクラシック・ファンがそう多くいるとも思えないし、《未完成》にしても演奏頻度はかなり落ちていると思う。私自身もおそらく一〇年近く、《未完成》をライヴで聴いていないはずだ。一般的なシューベルトのイメージといえば、「少し甘くて素朴で親しみやすい、かわいい曲を書いたロマン派の作曲家」といったところだろう。意地悪く言えば、バッハやベートーヴェンのような圧倒的な巨大さはなく、モーツァルトのような奔放な天才にも欠け、ワーグナーやマーラーのごとき怒濤の迫力は当然ながら皆無、ということか。「かわいい」けれど「小ぶりな」作曲家――シューベルトにこうしたイメージがあるとすれば、それは彼の生きた時代の気分と密接に関わっている。シューベルトは先に話題にしたウィーン会議（一八一四〜一五年）の時代の人なのである。

ナポレオンの失脚後、オーストリア外相（のちに宰相）メッテルニヒがヨーロッパ列強の首脳をウィーンに集め、革命からナポレオンに至る動乱の時代に終止符を打って、再び王侯支配による旧体制を復活させるため開いたこの会議は、極めて後ろ向きかつ内向きの時代を作り出した。ノスタルジー、幻滅、諦念、個人主義、社会からの逃避などを特徴とする、このポスト・ウィーン会議の時代は、ドイツ語圏においては「ビーダーマイヤー時代」と呼ばれる。これはもともと、華美な装飾を排除した、ほのぼのと家庭的で簡素なこの時代の家具の様式を指すものであり、ウィーン会議以後の一八一〇〜二〇年代以後にかけての時代を指す言葉である。「かわいくてほのぼのした」シューベルトのイメージは、まさにビーダーマイヤー時代のそれそのものなのである。

こうしたシューベルト像ももちろん間違いではない。今ふうにいえば彼は、いわゆるロスジェネであり、ある種のひきこもりであり、ミーイズムの人であった。しかし同時に彼の音楽には、恐ろしくデモーニッシュで、極めて近代的なところがあったことを忘れてはいけないだろう。

〈死と乙女〉というシューベルトの有名な歌曲がある。死の床にある乙女と死神の対話である。骸骨とうら若き少女。これはシューベルトの音楽を理解するキーワードだと思う。おぼこ娘のあどけない顔の背後には、腐臭を漂わせた骸骨が立っているのである。この歌曲で死神は、立ち去ってくれと懇願する乙女に向かって、「私はお前を苦しめるためではなく、お前に安息を与えに来たのだ」と語りかける。安息としての死——こういうイメージはベートーヴェンには絶対に出てこない。彼は立ち向かい闘う人であって、諦めたりはしない。しかしシューベルトは真逆だ。彼は諦める。死に身を委ねる。そういえばトーマス・マンは長編小説『魔の山』で、シューベルトの歌曲〈菩提樹〉について面白いことを書いている。この音楽がかきたてるかぐわしい菩提樹の花の香りの背後に、主人公はほんの微かにではあるが死臭を、この小説の舞台であるサナトリウムで患者が死んだ時と同じ臭いをかぎ取るのだ。こうした感覚は本当にシューベルト特有のものである。《未完成》交響曲の第二楽章なども同様だし、二つのピアノ三重奏曲やピアノ・ソナタ変ロ長調など晩年の作品には、とりわけこれが顕著だ。

こうした静かなる永遠の甘美ともいうべき時間感覚の背後に、一体どのような物語イメージがあったのか。それを知るには歌詞のついた作品を見るのがいい。例えば連作歌曲（複数の歌曲をまとめて一つの物語に仕立てた形式）の《美しき水車小屋の娘》。失恋したさすらいの主人公が入水自殺するところでは、信じがたいほど甘美な響きが静かに延々と続くが、その歌詞は次のようなものだ。「おやすみ、おやすみ、すべてが目覚めるその時まで、眠りについて、歓びから、苦しみから、眠りにつきなさい」すべてを諦めて死に身を委ねた途端、果てしなく続く不思議な甘美が訪れる。こういう感覚がシューベルトの多くの作品にはある。

シューベルトを聴くたび、なぜか私はかなり以前に『火曜サスペンス劇場』だか『土曜ワイド劇場』だかでやっていた、島田陽子主演のドラマを思い出す。確か殺人を犯した主人公は、恋人とともにラブホテルを転々とし、逃亡生活を送っているのだが、外に出て陽の光を浴びることもできない彼女は、ベッドの上で半裸の姿で恋人に向かってつぶやく。「体が弱っていくのって……気持ちいい……」。これはまさにシューベルトの創作の標語にほかならないと思う。病み衰える快楽。甘美なる死臭。これはベートーヴェンとはまったく違う世界だ。実はベートーヴェンとシューベルトの没年は一年しか違わず（前者は一八二七年、後者は一八二八年没）、ベートーヴェン後期とシューベルトの活動は完全にかぶっているのだが、二人は本当に対照的な世界の中に住んでいた。ベートーヴェンは頑張る。しかしシューベルトは諦めるのである。「古典派は健全でありロマン派は病的だ」といったのはゲーテだが、この言葉は誰よりもベートーヴェンとシューベルトについて当てはまるであろう。

もちろんシューベルトも「頑張ろう」とする時はある。最後の交響曲第八番（旧九番）《ザ・グレイト》の終楽章はその典型だろう。このフィナーレはシューベルトにしては珍しく、ものすごく盛り上がる。ベートーヴェンの向こうを張ろうとしているようである（間違いなしに彼にはその意図があったはずだ）。だがそれでもシューベルトの「盛り上がり」には、明らかに病的なところがある。熱病にうなされた幻覚の中での高揚といえばいいか。誤解を恐れずに言えば、まるで麻薬でもやっているような躁状態なのだ。

　シューベルトは水銀中毒で亡くなったともいわれる。言うまでもなく水銀といえば、当時の梅毒の薬である。交響曲《ザ・グレイト》の尋常ならざる熱狂が、こういうことと関係があったかどうかは定かではない。いずれにせよ確かなのは、彼がその筋の女性と関係をもったことであろう。シューベルトは結婚はおろか、生涯特定の恋人もいなかった。寂しいさすらい人であった。音楽史の「父」になることのかなわない、永遠の放浪者であった。まさにこのよるべなき浮遊の感覚こそ、シューベルトをして極めて現代的にしている要素である。彼は現代のニートやフリーターの遠い祖先だったのかもしれない。

うんざりするほど長い音楽について

クラシック音楽にあまりなじみのない人にとって最大の難関となるのが、その「長さ」であろう。ポピュラー系なら一曲一〇分でもかなり長い部類に入るだろうが、クラシックでは一〇分は「小品」である。交響曲や弦楽四重奏やピアノ・ソナタの一つの楽章が一〇分強といったあたりが標準で、三楽章や四楽章になるとトータル四〇分オーバーというのも珍しくない。一九世紀も末になると三〇分間ノンストップの曲も少なくない。CDであれば好きな楽章だけをピックアップするとか、飽きたら聴くのをやめるというのも可能だ。しかしライヴでこれだけ長時間、トークも入らず、おしゃべりすることもままならず、ただ静かに傾聴するというのは、慣れないうちはかなりの苦行かもしれない。

クラシックが長い理由としてはとりあえず、「当時の人はヒマだったから」という理由が考えられるだろう。映画もテレビもラジオもない時代、夕べの娯楽といえばコンサートやオペラに行くくらいだった。特に冬など、夕方の四時にもなれば、もうすっかり日は暮れてしまう。どうやって長い夜をやり過ごすか。これは本当に切実だ。私もドイツ留学当初、下宿にはテレビがなかったから、冬場はひたすら勉強するかオペラに行くくらいしか、することがなかった。ちなみに面白いのは、少なくとも二〇世紀の初めくらいまでは、クラシック音楽のシーズンは十一月くらいから始まって、四月にはぼちぼちオフになっていたということである。つまりウィンタータイムとほぼ重なっているのである。サマータイムにはもっと屋外で別の娯楽をやりましょう、ということだ。

ヒマ云々（うんぬん）ではなく、もう少しもっともらしい理由を探すなら、「クラシック音楽は単なるBGMではなく音の建築を、音の物語を作ろうとしたのだ」という説明が可能だろう。だがこれではやや教科書的な物言いになるし、あえてここでは幾分の誇張を交えて、「クラシックは一つの宗教をめざしたのだ」と考えてみたい。実際あまりクラシックになじみがない人がコンサートに行くと、まるでよくわからない宗教儀礼に、多数の信者に紛れて参加してしまった部外者のような気分になるのではあるまいか。

「宗教儀礼」とは冗談ではない。クラシックの「長さ」を説明するのに、この比喩以上に適切なものはないとすら思える。もちろんいくつかの留保は必要である。「クラシック音楽は宗教だ」と言うなら、一八世紀あたりまで（つまりバロックからハイドンやモーツァルトあたりまで）は除外しなければいけない。この時代までのクラシックは、いつも書いているように、基本的にＢＧＭであった。飲み食いしながら聴く音楽であり、したがって聴き流すことが可能であって、時間的にもそんなむやみに長くはない。

それからもう一つ。「クラシックは宗教の一種だ」と言う場合、それは宗教音楽のことを指しているのではない。ミサ曲やレクイエムといった宗教音楽は、文字どおり宗教儀礼のために使われる実用的な音楽である。特にバロック時代までは、この種の宗教音楽が大量に作られていたが（一九世紀に入るとともに宗教音楽の創作量は落ちるが、その理由についてはまた説明する）、これは本当に教会での儀式で使用するものであった。だからある意味でミサ曲などは、宗教儀式のＢＧＭであったとすら言えるだろう。私が言わんとしているのは、こうした「宗教儀式のための音楽」ということではなく、「音楽体験自体が一種の宗教儀礼になる音楽」ということである。音楽そのものをまるで宗教のように崇めるのだ。

恭しく崇めるように聴かれることを暗黙裡に求める音楽――確かにすでにバッハには、こういう音楽がたくさんある。例えば有名な《無伴奏チェロ組曲》の第一番などは典型だろう。しかしそれはあくまで、結果としてそういう神々しいオーラを放つ音楽が創られたということにすぎず、バッハには自分の音楽を崇めさせるという意図などまったくなかったはずである。彼は一徹な職人であり、熱心なプロテスタントの信徒であって、決して新興音楽宗教の教祖様ではなかった。あくまで音楽は神の栄光を讃えるツールであり、自分の音楽を人々に崇めさせるなど、彼は夢にも思わなかったはずだ。

襟を正して牧師の説法を傾聴するようにして聴かれる音楽を、作曲家たちが自覚的に追求するようになっていくのは、やはりベートーヴェン以後であろう。モーツァルトの最後の交響曲第四一番などは、それが神々しいような輝きを放つ音楽であることに異存のある人はいるまいが、しかし同時にそれを賑やかなティーパーティーのような環境で演奏することは可能なはずである。しかしベートーヴェンの《運命》や《第九》をイージーに聴くことはできまい。彼の曲はすべからく、咳一つ許さないような威圧感が漂っている。

ベートーヴェン以後のクラシックは、音楽それ自体をまるで宗教のように礼拝することを求める音楽なのだと考えると、あの長さもある程度理解できる。帰依のイニシエーション（参入儀礼）に長さは不可欠である。一つの「ワールド」の中に入るためには、まずは催眠状態を通過する必要があるのだ。よく思うのだが、その意味ではクラシックは、究極のライヴ音楽かもしれない。ＣＤであるなら退屈すれば聴くのをやめればいい。一楽章だけ聴いて、続きは明日に、ということも可能だろう。だが多くの「長い」クラシックは、退屈というイニシエーションを通って初めて何かが見えてくる、そういう音楽である。途中で切り上げていては、その作品の「ワールド」に帰依するのは難しい。コンサートホールという修行の場に監禁されることで、つまり否応なしに「通しで聴く」ことを強制されて初めて可能になる何かがあるのだ。

もちろん「クラシックは長い」といっても、国ごとに多少の違いはある。まずイタリアでは交響曲は皆無に近いから、一概に他国との比較はできないが、総じてイタリア人は長さに対する耐久力は弱いようである。イタリア・オペラは明らかに他の国（ドイツやフランス）と比べてかなり短い。フランス音楽も総じて長くない。ピアニストとしての活動はパリが中心だったショパンやリストもここに含めていい。ショパンの前奏曲など、一分くらいしかないものもある。ドビュッシーやラヴェルのピアノ曲も概して極めて短いが、これはひょっとすると長さに対する「アンチ」であった可能性もある。一種のパリジャン的ダンディズムから、わざと軽薄短小を気取ってみせるのである。伊達男は饒舌を好まないのだ。スラヴ系（ロシアのチャイコフスキーやチェコのスメタナやドヴォルザークなど）、あるいは北欧系（ノルウェーのグリーグやフィンランドのシベリウス）は、標準的といったところだろうか。

言うまでもなく「うんざりするほど長い」といえば、ゲルマン系の音楽である。とりわけ後期ロマン派のワーグナーとマーラー。前者はオペラ（楽劇）、後者は交響曲がホームグラウンドだ。その長さがどれだけ途方もないものであるか。

「長さ」という意味でも、ドイツ音楽はクラシックを代表している。「うんざりするほど長い」とは決して誇張ではなく、ドイツ人の書く音楽はいわば延長戦になってもまったく体力が落ちず、それどころかますますテンションが上がっていく。こういうものが書けたのは音楽史でドイツ人だけである。彼らの辞書に「へたれる」という言葉はない。

「長いドイツ系クラシック」の中でも特に長いのが、オペラではワーグナー（ただし彼は自分の舞台作品を、「オペラ」ではなく「楽劇」と呼んでいたわけだが）、そして交響曲ではブルックナーとマーラーであるが、その長さがどれほど気の遠くなるものか、ライヴ経験がない人には想像もつくまい。例えばマーラーの交響曲については、最低でも上演に一時間はかかると思っておいたほうがいい。ブルックナーも似たりよったりだ。マーラーでもとりわけ長い交響曲第三番など、演奏に一時間四〇分かかる。これはコンサートまるまる一つ分に当たる。ワーグナーとなると舞台作品だからさらにたいへんだ。彼の作品を上演する場合、ドイツの劇場では開演はおよそ四時くらいである。そして幕間（まくあい）の休憩はたっぷり一時間とる。長丁場だから聴衆はみんな休みたいし、当然ながら歌手にも休みが必要だ。こうやって長期戦を耐えに耐えて、終演はだいたい一〇時くらい。下手をすると終わるのが一一時近くになることすらある。まるで恐竜のような音楽である。

この手の作品を聴くときのコツは、「あまり集中しないこと」である。これは冗談ではない。こんな音楽を最初からハイテンションで集中して聴いたりするのは、いわばサッカーで九〇分間ずっと全力疾走しようとするようなものである。このあたり本場の客はよく心得ていて、よく次のような光景にお目にかかる。オペラ劇場の常客とおぼしき年配の紳士やご婦人らは、ただひたすら上演中寝続けている。そしてたまに聴きどころが近づいてくると、誰に起こされたわけでもないのに、なぜか一分前くらいにぱっちり目を覚ます。そして聴きどころが終わると、またすやすや寝始めるのである。これこそワーグナーの正しい聴き方である。

こうした本場の「由緒正しき」観客たちの振る舞いを見て、ワーグナーの上演では途中で堂々と寝てもかまわないのだと、私も思うようになった。しかしながら、いくらうたた寝といっても限度はある。上演がトータルで六時間以上かかったりするのだから、ある程度寝ると眠気が覚めてしまうのである。目が覚めて時計を見てもまだ七時くらい。そこから先は寝ようにも寝られない。こうなったら地獄である。お尻が痛くなってくる。それにオペラ劇場は閉鎖空間だから、ご婦人たちのむせるような香水の匂いで酸欠のようになる。だんだん意識が朦朧（もうろう）としてくる。しかしながら、まさにこの拷問のような「待ち時間」こそが、やがてクライマックスでやってくることが約束されている途轍（とてつ）もない感動のための、イニシエーション（参入儀礼）なのである。それを通り抜けることで初めて「神の声」を聴くことのできる試練、それがドイツ系の音楽の場合は「退屈」なのだ。

例えば四時くらいに開演して、最初はうたた寝ばかりして、もうこれ以上眠れなくなるのが八時くらい、あとはひたすら耐えに耐えて、ようやく一〇時を回ったあたりで、怒濤のような音楽があふれ出してくるようすを想像してほしい。それはまさに神がかりの瞬間であり、レトルト食品のようにお手軽に聴けるCDでは絶対に手に入らない超越的な体験である。

「ワーグナー名曲集」などと銘打たれたCDがよく売られている。これはワーグナーの楽劇の聴きどころを抜粋したもので、どの曲ものすごくかっこいい。抜粋でこの昂揚感なのだから、これが全曲になったらどれほどすごいことになるのだろうと、人は思うだろう。胸ときめかせて全曲CDを購入するとする。きっと聴き始めてものの半時間もしないうちに、茫然自失するはずである。ただひたすら退屈極まりない音楽が続く。途方もない昂揚感が訪れるのは、まさに抜粋CDに入っている箇所だけしかないのだ。それはトータル四時間以上かかる舞台作品のうち、正味三〇分にも満たないと言っても、必ずしも誇張にはなるまい。

ドイツ系の音楽の長さを体感してもらうために、少し数字を出そう。ベートーヴェンの九つの交響曲のトータルの上演時間が約六時間。ブルックナーの九つの交響曲を全部上演したとしたら約九時間半（ただし彼には交響曲第〇番というものがあり、これは除く）。マーラーの交響曲を九つ上演すれば約一一時間。そしてワーグナーの楽劇の中で最長の《ニーベルングの指環》全曲が一四時間！　ベートーヴェンやブルックナーやマーラーの交響曲は別に九つを通して聴く必要はないから、今挙げた数字はあくまでたとえであるが、しかしゲルマン神話に素材をとったワーグナーの《ニーベルングの指環》は四部作であり、上演には本当に四夜＝四日必要なのである！

この種のドイツ系音楽は「娯楽」の範疇を完全に逸脱している。恐らくワーグナーやブルックナーやマーラーがやろうとしたことは、例えばゲーテの『ファウスト』だとか、ヘーゲルの『精神現象学』だとか、トーマス・マンの『魔の山』のような途方もなく大部の著作に匹敵するようなものを、音楽の領域において書き上げることだったのであろう。だからこそ、と言うべきであろう、ゲルマン系音楽の巨人的なパワーは単なる体力の産物ではない。それは極めて緻密な設計と気が遠くなるような根気と愚直な勤勉さの賜物でもあるのだ。

いろいろな意味でドイツ系とは対極にあるイタリア系の作曲家は、いわば「アリとキリギリス」の童話のキリギリスである。彼らは霊感のおもむくまま、次から次へ魅惑的なメロディーを投げ売りしてくれる。その代わり「へたれる」のも早い。きれいなメロディーを思いつくとすぐに後先考えず観客にサービスしてしまうので、やがて霊感が尽きてくるのである。一幕より二幕、二幕より三幕と、どんどんメロディーが湧いてこなくなっていくのだ。ロッシーニなど典型で、彼のオペラはほとんど例外なく「尻すぼみ」である。

ゲルマン系はこういう「後先考えない」ようなことはしない。素晴らしいアイデアは最後にとっておく。だから曲が最初から盛り上がるということはあまりない。最初のうちはセーブしてセーブして、さまざまなモティーフを周到に展開しながら、一番後の「決めどころ」へもっていく。発想がアリ的であり、貯蓄的である。メロディーそれ自体の魅惑という点で、明らかにドイツ系作曲家はイタリア系に劣る。メロディー（モティーフ）それ自体は「しょぼい」。しかし彼らはそれをコツコツと積み上げ、展開し、巨大な伽藍を築く。勉強によって小さな元手から大資本を築くのである。とにかく一度騙されたと思ってマーラーの交響曲などをライヴで聴かれたい。あれはほとんど宗教的な啓示の世界である。

宗教音楽について

ミサ曲やオラトリオや受難曲といった宗教音楽は、日本人にとって非常に理解が難しいジャンルである。これらは密接にキリスト教と結びついていて、聖書の内容や典礼の式次第などに通じていることが前提になっている。宗教音楽をたくさん書いた作曲家といえばまずバッハが思い出されるが、日本人でバッハ研究（演奏）を志す人の中には、バッハを理解するためにキリスト教（プロテスタント）信者となる人もいるようである。

「宗教音楽」の対概念となるのは「世俗音楽」である。前者は神に奉納する音楽。そして後者は人間が楽しむ音楽。両者がどれほど違うものか、端的に理解できるエピソードを紹介しよう。以前私がドイツに留学していたころ、一週間ほど友人が遊びにくることになった。確か三月半ばあたりだったと思う。その間にどんなコンサートがあるか、コンサートガイド誌のようなもので確認しようとしたところ、どういうわけかその約1週間の間だけ、オーケストラ・コンサートもオペラもピアノ・リサイタルも、まったく公演の予定が入っていない。ミュンヘンはベルリンやウィーンと並ぶ巨大音楽都市であって、次から次へ綺羅星(きらぼし)のような名演奏家が訪れ、毎日どれに行くか迷うくらい数多くのコンサートが催される街である。怪訝(けげん)に思ってドイツ人の知人に尋ねたところ、それは四旬節(しじゅんせつ)だからなのだという。キリスト教では毎年二月から三月ごろ、まず謝肉祭でバカ騒ぎをやってから、キリストの死を悼む喪の期間に入る。これは復活祭の前日まで、四〇日くらい続く。復活祭の直前の一週間は、聖金曜日などを含み、とりわけ特別な期間であって、恐らく件(くだん)のコンサート活動が停止してしまった一週間は、このあたりであったものと思われる。

四旬節のことを教えられて、もう一度そのつもりでコンサートガイド誌を読み返してみると、なるほど宗教音楽はいたるところでやっている。ドヴォルザークの《スターバト・マーテル》とかモーツァルトのミサ曲とか、そして何よりバッハの《マタイ受難曲》といった、普段なかなか聴く機会のない音楽が、毎日のようにどこかで演奏されているのだ。おまけにCDショップに行ってみると、フロアには大量のミサ曲やオラトリオのＣＤが山積みにされている。この経験を通して私は、宗教音楽と娯楽音楽の間の厳格な区別を初めて理解できた。ポップスは言うまでもなく、交響曲やオペラやピアノ曲もまた、「人間が楽しむ音楽」という意味では、娯楽音楽なのである。歌舞音曲（かぶおんぎょく）禁止の厳粛な季節には、こういうものを聴いてはいけないのだ。

あらゆる音楽のルーツがそうであるように、クラシック音楽の祖先もまた宗教音楽であった。西洋音楽の起源たるグレゴリオ聖歌を含め、中世において「音楽」といえば、それは典礼音楽とほとんどイコールであった。恋の歌といった世俗曲が数多く書かれ始めるのはルネサンスになってからであり、これは美術において例えばボッティチェリの『ヴィーナスの誕生』のような「世俗画」が登場するのと完全に軌を一にしているのだが、それでもルネサンスに入ってからも、ミサ曲のような宗教音楽がまだまだ量産されていた。バロックになると弦楽合奏や協奏曲のような本格的な器楽曲（つまり世俗音楽）が数多く書かれ始めるが、それでも宗教音楽との勢力関係はまだ拮抗（きっこう）していた。世俗音楽が宗教音楽を圧倒し始めるのは、やはり一八世紀末以後と見るべきだろう。古典派によって確立された交響曲、弦楽四重奏、ピアノ・ソナタ、リートなどのジャンルは、すべて世俗の音楽なのである。

日本にいるとなかなかわからないが、宗教音楽とは本来、本当に宗教儀式の中で用いる。私たちはたとえモーツァルトのミサ曲などを聴く機会があったとしても、それはコンサートホールの場合がほとんどであるわけだけれども、ヨーロッパではこういうものを実際に教会のミサで用いるのだ。当然ながら曲と曲の間には、司祭の説法が入る。信者の入退場などもある。当たり前だが、いちいち音楽に対してパチパチと拍手を送ったりはしない。それはコンサートとまったく違った「聖なる体験」である。《マタイ受難曲》をホールで演奏して、ブラヴォーなどと喝采を送るのは、いわば声明（しょうみょう）をコンサートホールで「演奏」した比叡山の僧侶たちに拍手を送るのと同じくらい場違いなのである。

右にも書いたように、交響曲や協奏曲という名の娯楽曲が宗教音楽を圧倒し始めるのは、だいたいウィーン古典派くらいからである。ハイドンにはまだ宗教音楽の逸品が多い。オラトリオ《天地創造》などの名作がそれだ。しかしモーツァルトになると、異論はあるかもしれないが、ミサ曲などより交響曲やピアノ協奏曲やオペラのほうに創作のウエイトが移ってくる。はっきり言えば、前者より後者のほうが、明らかに曲のレベルが高いのだ。周知のように彼の遺作となったのは、稀代（きたい）の傑作《レクイエム》だったわけだが、これは例外としておこう（レクイエムとは「死者を追悼するためのミサで用いられるミサ曲」のことである）。ベートーヴェンになると、世俗ジャンルにウエイトが置かれる傾向は、さらに強まる。そしてロマン派ともなると、宗教音楽はまったく影が薄くなってしまう。

ロマン派にあまり宗教音楽の大傑作がないのは、一九世紀がまさにニーチェの言う「神が死んだ」時代だったからであろう。死後の世界よりも、もっぱら労働と資本の貯蓄と世俗的成功が、人々の関心事になり始めたということだ。だが面白いことに、宗教音楽の数が減るのと反比例するかのように、交響曲といった本来世俗音楽であるはずのジャンルが、しばしば宗教的オーラを帯びるようになる。ワーグナーの楽劇（オペラ）もそうだ。ワーグナーやブルックナーやマーラーは、やたらに長くて厳粛な宗教儀式のような作品をたくさん書いたわけだが、これなどがその例に当たる。

ベートーヴェンの晩年作品、例えば《第九》の第三楽章なども、まるで神の声が聞こえてくるかのような聖なる静寂に包まれている。あるいは同じ《第九》の第四楽章では、周知のように合唱が入ってくるわけだけれども、交響曲で合唱を使うというアイデアは当時としては前代未聞であった。合唱はそもそも宗教音楽にルーツを持っているのであり、以前はオペラですらそんなに頻繁には用いられず、要するに教会で信者たちが声を合わせて歌う習慣が起源になっているのだ。合唱隊の響きは当時の聴衆には反射的に教会を連想させたはずである。そういうものをコンサートホールという世俗の場に持ち込む。それによってホールを聖化する。《第九》とは交響曲を宗教的なものに昇華しようとする試みだったわけである。

ブルックナーは交響曲に合唱こそ使わなかったが、彼の十八番はオルガンのような響きをたてるオーケストラである。実際にオルガンが投入されることはないが、本来オルガンとは教会に備え付けられた移動不能の聖なる楽器だった。合唱隊と同じくオルガン的な響きもまた、人々に反射的に教会を連想させただろう。こうした交響曲のジャンルの宗教化の極致が、恐らくマーラーの交響曲である。そこではオルガンと合唱隊が加わって、地鳴りがするような途方もない宇宙的響きが生み出される。彼の交響曲はどれもとんでもなく長いが、この圧倒的な宗教的エクスタシーは確かに、その「長さ」を耐え抜く価値はある。

ワケのワカラナイ音楽について

クラシック音楽とはヨーロッパが世界を支配していた時代の音楽である。一六〇〇年前後に始まるとされるバロック時代は、大航海時代から絶対王政の始まりに重なっているし、ウィーン古典派の時代は産業革命とフランス革命の一八世紀後半とかぶる。こうやって政治革命によって自立した市民たちが、工業力の発展とともに資本を貯蓄し、やがて帝国主義の時代となる。これがロマン派音楽の一九世紀である。

しかるに今日、ヨーロッパはもはや世界の支配者ではない。二〇世紀はアメリカの世紀なのだ。そしてアメリカの世界支配のきっかけとなったのが、第一次世界大戦である。ヨーロッパ列強の果てしない内戦が、アメリカの介入によってようやく終息したわけで、いわばアメリカは救世主であった。

かくしてヨーロッパに代わりアメリカが世界を仕切る時代が始まった。いつも書いているように、クラシック音楽の主要レパートリーはだいたい一九一〇年くらいで終わるわけだが、これは今スケッチしたような世界史へゲモニーの移動と密接に関わっていたはずである。

一般に印象派（ドビュッシーやラヴェル）とか後期ロマン派（マーラーとかリヒャルト・シュトラウス）と呼ばれるエポックは、「クラシック音楽の世界制覇の時代」の最後の輝きである。つまりベル・エポックの時代の音楽であり、第一次大戦直前の時代の音楽なのだ。

ではその後はどうなるのかといえば、大雑把に言って、クラシックはモダニズムないし前衛に変容していったと思えばいい。広く聴衆に受け入れられることに頓着しない音楽。実験に特化した音楽。本性的に世間から永遠に無視されざるをえないような音楽。場合によっては、世間の無理解こそを自らのステータスと考えるがごとき音楽。前衛とはある意味でアングラと同意であり、かくしてクラシック音楽の伝統はカウンターカルチャーへと変貌していった。この種の前衛音楽の嚆矢（こうし）となった二人の旗手が、ウィーン生まれのシェーンベルク、そしてロシア生まれのストラヴィンスキーである。

シェーンベルクは一八七四年、ストラヴィンスキーは一八八二年生まれ。彼らのメンタリティー(特に極めて戦闘的だったシェーンベルクのそれ)は、上の世代と比べて相当違っていた。それは要するに革命家メンタリティーであり、既成秩序を根底から転覆しようとする衝動である。もちろん政治的には二人とも極めて保守的だったし、のちにストラヴィンスキーは作曲家としても(少なくとも一見したところ)保守的な作風に転じた。しかし一九一〇年前後に彼らがやり始めたことは、まさに音楽史における革命と呼んで過言ではなかった。ちなみにレーニンは一八七〇年、スターリンが一八七八年、毛沢東は一八九三年に生まれている。大きく見れば皆、シェーンベルクとストラヴィンスキーと同じ世代に属していると言っていいだろう。

シェーンベルクは主としてハーモニーの領域で、ストラヴィンスキーはリズムのそれにおいて、それぞれ革命を企てた。前者が書き始めたのは、いわば不協和音だけしかないような音楽であり、一般に無調と呼ばれる。後者の実験はリズムへ向けられ、3/4とか4/4といった固定した拍子がない音楽を書き始めた。拍子が一瞬ごとにくるくる入れ替わるのである。

彼らの実験がどのようなものだったかを知るには、一九一二年の《月に憑かれたピエロ》、そして一九一三年の《春の祭典》あたりを聴くのがいいだろう。とりわけ後者のパリ初演は喧嘩沙汰になるような前代未聞のスキャンダルとなったことで有名であり、そのようすは『シャネル&ストラヴィンスキー』(二〇〇九年、フランス)という映画の中で、非常に綿密な歴史考証に基づいて、生き生きと再現されている。

その偉業はもはや誰一人疑う者はいないにもかかわらず、シェーンベルクの作品が今日なおほとんど演奏されないのとは対照的に、初演から百年以上を経てストラヴィンスキーの《春の祭典》は今やたいへんな人気曲である。これは、シェーンベルクがハーモニーはもちろん、リズムも相当ややこしいのとは対照的に、ストラヴィンスキーの音楽が、リズムは複雑であるにせよ、メロディー(時としてハーモニー)がかなり単純であることと関係しているのかもしれない。リズムというのはどれだけ複雑になっても、身体で感覚的にわかるところがあるのに対して、一般の聴衆にとってハーモニーが複雑な音楽は非常にハードルが高いということだろうか。

それはともかくとして、彼らの前衛的な音楽を聴いて、「どうせきちんとしたスタイルで書けないからヘンなことをしているだけだろう」といった反応を示す人がいる。これはまったくの見当外れであることを、ここでは力説しておきたい。シェーンベルクもストラヴィンスキーも、創作の初期においては「まともな」後期ロマン派のスタイルで書いていた。例えばシェーンベルクなら《浄められた夜》、ストラヴィンスキーなら《火の鳥》などを聴くがいい。これほどまでに濃厚で甘美で華麗な作品を、シューマンもチャイコフスキーもワーグナーも書けなかったと断言してもいい。信じがたく美しい音楽なのである。シェーンベルクは《浄められた夜》を二五歳で、ストラヴィンスキーは《火の鳥》を二八歳で作曲した。特にシェーンベルクはほぼ独学であり、正規の音楽レッスンを開始してまだ五年も経っていなかったにもかかわらず、これだけの傑作を書き得た。凄まじい天賦の才能である。

　クラシックが前衛へ越境し始める第一次世界大戦前夜。こういう桁外れに早熟な例はまだまだ他にもある。例えば晩年オカルトに狂って、独特の無調音楽に到達したロシアのスクリャービン。彼が十代半ばの頃に書いた練習曲（作品二）は、ロシアの大ピアニスト、ヴラディーミル・ホロヴィッツがよく弾いたものだが、ショパンの甘美にチャイコフスキーの憂鬱を加えて蒸留したような、異様に洗練された芳香を放っている。あるいはシェーンベルクの弟子で、のちに師とともに無調音楽へ突き進んだウィーン生まれのベルク。彼が二〇代で作曲した《初期の七つの歌》も、もうこれを聴いてしまったらシューマンもワーグナーもマーラーも色褪せて聴こえるというくらいに、陶然とするようなロマンを湛えた作品だ。しかもそこには早熟の脆く危うい魅惑のオーラが輝いている。

のちに前衛へと突進する人々が、まだ「通常の」スタイルで書いていた初期作品を聴くにつけ、「若くしてこれほど完成度が高いものを書いた人はもう畳の上では死ねまい」と思ってしまう。凡庸な人間なら一生がいくつあっても絶対に到達できない地点が、彼らにとっては出発点なのだ。こういう人々は、神に祝福されていると同時に、呪いをかけられている。偉大な先人たちの到達地点に、二〇歳くらいで楽々と達してしまう。それは恐らく途方もない孤独であるはずだ。世の人々がなぜ百年一日のように調性のある音楽を聴き続け、書き続けているのか、彼らには理解不能であっただろう。このような呪われた芸術家たちは、否応なしに、前代未聞の響きを、これまで何人も聴いたことのない響きを探そうとする。行く先のない旅に出ざるを得ないのである。

名演とは何か

クラシック音楽のハードルの高さの一つは、作品名の抽象性や作曲家の多さと並んで、演奏家名の多さにある気がする。ただでさえ作曲家が多いうえに、「誰々作曲の何々の誰々の演奏はスゴイ！」みたいな話になるから、話のややこしさが倍加してしまうのだ。

恐らく人々は一九世紀くらいまで、「演奏」にはあまり興味がなかったはずだ。例えばマーラーは大指揮者としても有名だったが、彼が指揮したオペラ公演のポスターを見ても、興味深いことに彼の名前は出ていない（劇場に残されている予定表などから、「この公演はマーラーが振っていた」とわかるわけだが）。いうなれば、「北島三郎ワンマンショー」などの催しのポスターに、バックバンドの指揮者の名前など出ないのと同じである。当時はまだまだクラシックは、どんどん新作が作られる現在進行形の音楽だったのだろう。だから人々の興味はもっぱら「誰が何を作るか」に向けられ、「誰の何を誰がどう演奏するか」などどうでもよかったのだ。

事情が変わるのは二〇世紀に入ってからである。言うまでもなくこれは、あまり新曲が作られなくなり、レパートリーが固定し始めることと関係している。クラシック音楽の古典芸能化である。定期的に同じ作品が頻繁に上演されるから、必然的に人々は有名曲を覚える。だから「今度は何を誰がどう指揮するのだろう?」という関心とともに、コンサートに臨むようになるのだ。

演奏家が演奏に特化するようになったことも関係しているはずだ。以前は「演奏しかしない人」など音楽家ではなかった。マーラーやリヒャルト・シュトラウスは大指揮者だったけれども、何より彼らはそれ以前に大作曲家であった。ラフマニノフだってそうだ。生前の彼は大ピアニストとして知られていたが、何よりまず作曲家として自分を意識していた。彼らにとって演奏とは、極論すれば、生活の糧を稼ぐための行為にすぎなかった。今も昔も作曲という商売は不安定であり、腕さえあるなら演奏のほうが手っ取り早く金を稼げるのである。しかるに二〇世紀に入ると徐々に、「演奏しかしない大演奏家」というものの数が増えてくる。イタリアのトスカニーニはこうした傾向に先鞭(せんべん)をつけた人で、もちろんやろうと思えば作曲だってできたはずだが、公的には指揮しかしなかった。カラヤンもそうである。「どの曲」ではなく「誰の演奏」に人々の関心が向けられるようになるにつれ、演奏家がスターになり始めた。これが二〇世紀である。

だが重要なのは、「誰々の演奏」が焦点化するとはいっても、「どの作品であるか」をまったく無視するわけにもいかないという点である。言葉は悪いが、演奏家とは寄生植物のようなものであって、既成の（つまり他人が作った）「作品」に寄りかからないことには商売にならない。しかしだからといって、作品を完全に換骨奪胎してしまい、自分自身が主人公になって好き勝手をしたりしては、やはりいけない。このあたりがクラシックの演奏家稼業の難しさである。

思うにクラシック・ファンの間には、レパートリーの定番名曲についての、暗黙の「この曲、かくあるべし」のイメージがある。第一楽章のテンポはだいたいこんな感じ、あそこでは少しブレーキがかかる、ここで盛り上げてあそこへもっていく、サウンドはこういう感じがいい等々。もちろん漠然としたものではあろう。はっきりした根拠があるわけでもないのかもしれない。だがそれでも、この暗黙のイメージ規範には結構な権威があって、そこからあまりにもかけ離れた演奏をやったりすると、たとえそのクオリティーが極めて高いものであっても、「異端」のレッテルを貼られかねない。デビューした当時のグレン・グールドが弾いたバッハは、まさにこれが理由で、異端視されたわけだ。

別の表現をするなら、「名演」とはクラシック・ファンならたいがい知っている、定番名曲においてのみ成立する概念だという言い方もできるだろう。「あの曲といえばだいたいこういうイメージ」が共有されているからこそ、それを図星で射当てるような演奏が「名演だ」ということになるのである。ほとんど誰も知らないような曲、つまり事前に演奏の規範イメージがないような曲について、たとえどれほどいい演奏をしたところで、それが名演なのかどうか、人々にはわからない。「これはいい曲だな」と人々に思わせることができれば、それはとりあえず「いい演奏」ではあっただろう。しかしそれは「名演」とはちょっと違う。極論すれば「名演」とは、誰でも知っていて、すでに綺羅星(きらぼし)のような演奏がある曲について、「まさにこの曲とはこういうイメージのものだ！」と人々に確信させるような説得力をもって初めて、成立するものなのである。

ちなみに「いい演奏だけど名演じゃない」と独り言を言いたくなる演奏が時々あるのは、面白いことである。思うに「いい演奏」とは、自分を消して徹頭徹尾作品に奉仕する類いのものである。対するに「名演」に特徴的なのは、あえて言えば、一種の「ドヤ顔」である。それは遠慮会釈なしに「オレ様」を前面に押し出す。フルトヴェングラーのベートーヴェン、クライバーのヨハン・シュトラウス二世、バーンスタインのマーラー、ホロヴィッツのショパン――みんなそうだ。意地悪く言うなら、彼らの「名演」はほとんど彼らのアレンジだと言っても過言ではないくらいに、自分の個性と確信を強烈に押し出している。それはベートーヴェンではなくフルトヴェングラーのベートーヴェンであり、ショパンではなくホロヴィッツのショパンであり、ただのマーラーではなくてバーンスタインのマーラーなのだ。「名演」とは、一方で恣意すれすれのエグ味を持ちつつ、それでもなお、単なる勝手には陥らないギリギリのところに成立する。

アメリカで活躍し一世を風靡した、ストコフスキーという指揮者がいた。彼はディズニーの有名な音楽アニメ『ファンタジア』の演奏を担当したことでも知られた人であったが、オーケストラの魔術師として名高かった。好き勝手にテンポをいじり、何の曲だろうがやりたい放題のゴージャスサウンド――これがストコフスキーのセールスポイントであった。もちろん彼の演奏はそれなりに面白いし、指揮技術の点では圧倒的であり、また一種のカリスマ的人気を誇ってはいた。それでもストコフスキーの演奏はせいぜい「怪演」であって、決して「名演」とは言えなかっただろう。

　ここからもわかるように「名演」とは、やりたい放題をやりながらも、ひとたびそれを聴いてしまうと、「もうその曲はそれ以外にはありえない」、「それこそまさに作曲者が望んでいたことに違いない」と聴衆に確信させてしまうような魔力を備えた演奏を意味するのである。

　もちろん「その曲はそれ以外にはありえない」などというのは幻覚錯覚の類いではあろう。「作曲家が本当に望んでいたこと」など、後世の人間にわかるはずがない。だからあくまで名演とは、「嘘か真かは別として、聴衆をしてそう思い込ませてしまうような演奏」以上のものではない、ということにもなる。そしてまさにこの点において、名演は宗教的カリスマに接近する。「これが神の教えだ！」「神が本当に望んでおられたことはこれだ！」――こう叫んで人々が催眠術にかけられたように納得してしまう力。これが名演の必須の前提条件である。

「名演」は単なる「いい演奏」とは違う。技術的に非の打ちどころがなく、作品の持ち味を存分に引き出し、かつ聴衆を惹きつける華も十分にある——不思議なことに、これだけでは名演は成立しない。それに必要なのはある種の好き勝手さ、我の強さ、自分のやっていることに対する狂信的な確信、といったものだ。《第九》はこれ以外にはありえない、これこそが唯一無二の《第九》の正しい姿だ！　どうだ！——こう言わんばかりの押しの強さ。名演には常にそういう自己中心的なところが不可欠である。

例えば二〇世紀最大のピアニストと言っても過言ではないヴラディーミル・ホロヴィッツ。ショパンやリストやラフマニノフについて、彼はそれを超えることはほとんど不可能とも思える名演の数々を残した。しかしそれらが作品に忠実な演奏かといえば、必ずしもそうは言えない。生前の彼はしばしば、「歪曲と誇張の巨匠」とジャーナリズムに批判されたという。ある意味でそれは正しい。低音を楽譜に書いてあるより一オクターヴ下げて弾いて、地鳴りがするような轟きの効果を狙ったり、協奏曲の終わりでわざと猛烈に加速して、オーケストラより一小節近く早くゴールに飛び込むことで、観客のやんやの喝采を得たりするといったあざとい裏技を、彼は再三のようにやっていた。それでもなお、単なる歪曲にはならず、「これぞ作曲家が真に望んでいたことだ……」と観客に思い込ませてしまう。ここに彼の名演の秘訣はあった。

カリスマ的名演に特徴的なのは、恭しさとは真逆の、作品を呑んでかかるがごとき「エグ味」である。作曲家に向かってなんら臆することなく、「要するにこうやればいいんだろう⁉」「こっちのほうがもっといいだろう⁉」と言い放つようなふてぶてしさ。これがない名演はありえない。この点について、ホロヴィッツに面白い逸話が残されている。彼はラフマニノフのピアノ・ソナタ第二番を十八番にしていたのだが、いつもそれを自分流にカットし、アレンジを加えて弾いていた。ただしホロヴィッツは生前のラフマニノフと親交があり、作曲者自身の前でこのアレンジ版を弾いてみせたところ、ラフマニノフから「私の書いた楽譜より、お前のアレンジのほうがいい」とお墨付きをもらったというのである。

いわば名演は、楽譜の細部などには拘泥せず、作品の一番深いところにある「精神」をわしづかみにしてみせるような演奏である。楽譜の文面を杓子定規に守るだけではダメ。かといって単なる好き勝手もダメ。名演に特徴的なのは、「神の教えは要するにこういうことなのだ！」と言い切るがごとき力であって、オーディエンスを集団的熱狂にかりたてる魔力という点で、カリスマ演奏家は宗教指導者や独裁者に似たところがある。

ひるがえって近年、クラシック界からこの種のカリスマ演奏家が急激に姿を消していることは、衆目の一致するところであろう。クラシックだけではないかもしれない。美空ひばりやビートルズやマイルス・デイヴィスのような存在を、今日の音楽界に探すことは極めて困難なはずだ。これは「優しさ」を神聖にして冒すべからざる金科玉条の正義とし、父権的なものを暴力と同一視して、血眼になってそれを去勢し、根絶やしにしようとする近年の社会趨勢と、決して無関係ではないはずである。

かつてのカリスマ指揮者は下手な団員、あるいは気に食わない団員を、その場でクビにすることができた。彼らはオーケストラを恐怖でもって支配した。そうやっておいて、納得いく演奏ができるまで、徹底的に練習でオーケストラを締め上げることができた。今では多くのオーケストラで組合の発言力が増し、予定練習時間をオーバーしようものなら残業代を請求されたりしかねない。そして超過料金をオーケストラに払わねばならないような猛練習を要求する指揮者は、当然ながらオーケストラ・マネージャーに敬遠される。二度と呼んでもらえない……。

カリスマの激減がはっきり印象づけられたのは、一九九〇年前後だったように思う。象徴的なのはカラヤンやバーンスタイン、ピアノではホロヴィッツやゼルキンやアラウの死である。これが冷戦時代の終結とほぼ一致しているのも面白いが、何より注目すべきは、これらの文句なしの巨匠たちが、ほぼ同じ世代に属していたことである。日本でいえば明治末期、世界史的にいえばプレ第一次世界大戦世代なのである（バーンスタインだけは第一次大戦が終結した一九一八年の生まれだが）。

クラシックの全盛時代は一九世紀であり、それはヨーロッパ帝国主義の時代と重なり、このヨーロッパの世界覇権が終わって、代わりにアメリカが世界を支配するようになったのが第一次世界大戦後だ。ということは、いわゆる「カリスマ巨匠」たちはすべからく、クラシック音楽がまだ世界を制覇していた時代に生を享けたということになる。

例えば一九〇三年はホロヴィッツとアラウとゼルキンという、三人のピアノの巨人が揃って生まれた年であったが、この時にはマーラーもリヒャルト・シュトラウスもドビュッシーもラヴェルもプッチーニもラフマニノフも、活動の全盛時代だった。チャイコフスキーは亡くなって一〇年しか経っておらず、ブラームスは亡くなってまだ六年、ヴェルディは亡くなって二年、そしてドヴォルザークはまだ生きていた（亡くなったのは一九〇四年）。ワーグナーが亡くなったのはちょうど二〇年前の一八八三年であったが、彼の知り合いはまだいくらでも世にいたであろう。さらに言うならば、一八二七年に亡くなった最晩年のベートーヴェンの姿を幼年時代に見たことがあるという人だって、まだ少しは生きていたはずである。モーツァルトになると亡くなったのが一七九一年だから、直接の知り合いはもうすべて世を去っていただろうが、「モーツァルトの知り合いの知り合い」という人はまだいただろう。こんな風に空想してみると、当時はまだ私たちには想像もできないくらいに、クラシック音楽が身近なところにあったことがわかる。それはまだ現在進行形の音楽だったのである。

一九九〇年頃に次々に世を去った往年のカリスマ演奏家たちは、「直伝」に極めて近いところで育った。彼らにはきっと大作曲家たちの「顔」が見えていたのだ。ブラームスにしてもワーグナーにしても、もはや音楽事典の中のただの偉人になってしまった今日と、これは大きな違いである。大傑作を前にしても「俺がルールブックだ」と言わんばかりの彼らのやりたい放題は、この直伝との近さから生まれてきたのであろう。

偉大な祖父の遺品を整理していて何か手紙が出てきたとする。親族であれば、ちょっとした言葉づかいの癖から、すぐに故人の意図を察知できるだろう。しかし博物館のキュレーターなら、あるいは後世の大学の研究者ならどうか。当然そこには故人の顔が見えないことに起因する萎縮が伴うであろう。演奏の世界でもこういうことが徐々に二〇世紀の終わりあたりから始まっているとは考えられまいか。

演奏のよしあしはどうすればわかる？

クラシック・マニアの話には「ベートーヴェンの……は……より……の演奏のほうがいい、それも……年より……年の録音のほうがいい」といった話題がよく出てくる。こういう会話が始まると、門外漢はあまり居心地がよろしくない。しかし一体いい演奏と悪い演奏というのは、どうやって区別するのだろう？　どうすれば区別できるようになるのだろう？

言うまでもないが、正解などはない。自分が「いい」と思ったら、とりあえずそれはいい演奏だったのだ。もちろん通（つう）がそれを聞けば、いろいろとケチをつけてくるかもしれない。「あの程度の演奏はいくらでもある」、「木管の技術がイマイチ」、「解釈に説得力がない」、「恣意的なところが多い」、あるいは「没個性的だ」等々。そうなのかもしれない。しかし「いい」と思ったということは、何かしらいい点は確かにあったはずなのである。曲に対する演奏者の謙虚な共感かもしれない。あるいは逆に、少々「カンチガイ」でも、スター性ある華やかな演奏だったのかもしれない。ひょっとすると、演奏はたいしたことはなかったが、何せ曲が素晴らしいので、演奏というより曲に感銘を受けただけかもしれない。しかしそれでも、「これはいい曲だな」と人に思わせるというのは、すでにそれなりの美質だ。

とはいえ、クラシックの世界に魅了され始めたなら、もう少し「どこがどうよかったか、よくなかったか」がわかるようになりたいと思うのが人情だろう。ワインなどの世界にも似て、無限のバリエーションの魅惑こそが、クラシック音楽という趣味の奥深さを形作っている。どうすればもっと具体的に演奏のよしあしがわかるようになるか。端的に言って最良の方法は、「とんでもなく凄い演奏」と「とんでもなくひどい演奏」の両極端を経験することである。極端なものは経験の浅い人でもなんとなくわかる。それもできればライヴがいい。録音だと演奏家はどうしても表現の振幅をセーブしがちだし、無難な安全運転ではなかなか「よしあし」がわかりづらい。

それからもう一つ。プロモーションの誇大広告にご注意。特に圧倒的とはいえない、いわば「中の上」くらいの才能を、まるで何十年に一人の天才であるかのような宣伝とともに売り出すなどといったことは、業界にはしょっちゅうある。こういう演奏家を聴いて、「評判の人なんだから、たぶんよかったんだろう」などと思い込むのはやめたほうがいい。『ミシュランガイド』で星がついているからといって、必ずしも完全な満足感が得られるとは限らない。何か「裏」があることだってあるかもしれない。星印を消費するのではなく、自分の舌や耳でちゃんと対象を味わって、その感想を（『ミシュランガイド』ではなくて）自分自身の心に問うこと。何より大切なのはこれだ。

もちろん途轍（とてつ）もない演奏が、最初のうちよくわからないということも、たまにはある。例えば私はかつて高校時代、世に名高いハンス・クナッパーツブッシュ指揮のワーグナーの楽劇《パルジファル》全曲のレコードを、高校生にとってはばかにならない額の出費をして購入し、胸を高ぶらせて聴き始めたが、これの何がそんなにいいのかさっぱり理解できなかった。私の友人の一人は、たいへんな音楽通（つう）であり、確かな耳を持っている人だが、フルトヴェングラーの何がいいのか、いまだにわからないそうだ。そもそも古い録音ばかりなので、ザーザー雨の音のような雑音が入っていて、そのせいで集中できないのだとか。

そもそも人間関係と同じで、音楽にも「相性がよくない」ということがある。皆が「あの人はいい人だねえ」と言っているのに、自分だけなんとなく妙に気に障ってしまうとか、その類いのことである。そもそも音楽は人間が人間に向かってするものである以上、音楽を聴く行為だって人間関係の一種である。とはいえ、かつてチンプンカンプンだったものの本当のよさが、かなり時間が経ってから、何かのはずみで急に理解できるようになるということも、しばしばある。いずれにしても、わからないものはわかったようなふりをしないことだ。

「よしあし」の判断が難しいのは、「ものすごくいい」と「ものすごく悪い」の間のグラデーションである。要するに「悪くはないが特によくもない」とか、「今一つだがそんなにひどくもない」のことだ。「まあまあ」から「イマイチ」に至る中間段階の特徴は、聴き終わった後、あっという間に印象が失せていくことのように思う。コンサート会場では「そんなに悪くないな……結構いいかもしれない」と思っていたのに、帰りの電車の中では「えっと……どんな演奏だったっけ……？」に印象は変わってしまう。こういうケースだ。

演奏会批評などを書く際に、時としてこういう演奏に当たってしまう。そういう時は書くのにたいへん難儀する。しかも得てして有名演奏家に限ってこういうケースが結構あったりする。つまり定評があるだけに、「採点項目」的な意味ではレベルがかなり高い。技術もぴかぴかだし、解釈の方向性もまあ妥当、華やかだし、それなりの独自性もある。隙はない。しかしまさにこの「隙のなさ」が大問題で、要するに「失点しない演奏」になってしまうのである。心に響かない。結局何がやりたいのかよくわからない。しかし、だからといって悪かったかといえば、もちろんそんなことはない。キズはない……。

こういう演奏について批評を書くのはかなりの苦行である。ケチをつけるようなものでもないから、まずはよかった点を褒めておく。しかし心から共感しているわけでもないから、文章が弾まない。書くことがないのである。私としてはむしろ、大事故が起きるリスクを冒してでも、思い切り自分のやりたい音楽をさらけ出してほしい。

このように考えてくると、「演奏のよしあし」をめぐる問題は、レストランなどの印象ととてもよく似ていることがわかる。類似点を箇条書きにしてみよう。「自分がおいしいと思えば、とりあえずそれでいいじゃないか、何かいいところはあったのだろう」「世評はあまり気にしない（世評に嘘あり）」「ものすごくいいものと、とんでもなくひどいものは誰にもすぐわかる」「よさがわかるまで時間がかかるものも時にはある」「可もなし不可もなしのケースは判断が難しい」「皿も盛り付けも食材もいいのだが印象に残らない高級店は珍しくない」等々。

音楽とレストランの似ている点をあと一つ。まったく予備知識なく、あまり期待もせず、たまたまぶらっと入った店で、途轍（とてつ）もなくおいしく安い食事にありついた時ほど嬉しいものはない。これが無名の店であったらなおよい。これこそ究極の出会いの奇跡だとすら思う。音楽も同じであって、どういうわけか、勝手をあまり知らない旅先での出会いが強く心に残る。旅先でたまたま訪れた演奏会とか、たまたま入ったショップで買ったCDとか、そういうものだ。こうした一期一会の出会いの奇跡こそ、音楽体験の至上の喜びである。

アンチ・エイジング時代の演奏家たち

フルトヴェングラー、トスカニーニ、カラヤン――クラシック・ファンならずとも名前くらいは誰しも聞き覚えがある往年のカリスマ巨匠である。今日彼らに匹敵する巨人を見出だすことはほとんど不可能だ。政治などの世界でも事情は同じであろう。ルーズヴェルトやチャーチルやフルシチョフのような「世界史を動かした」巨魁（きょかい）は、現代社会ではほとんど構造的に生まれ得なくなっている。カリスマは恐竜と同じ絶滅種なのだ。若々しく、さわやかで、オヤジくさくなく、スポーティーで、フォトジェニックでないと、音楽界にあっても今日では生きていけない……。

クラシック界のニューエイジ世代が本格的に登場してきたのは一九七〇年前後からで

ある。指揮者でいえば先日亡くなったマゼール（一九三〇〜二〇一四）とアバド（一九三三〜二〇一四）、そしてメータ（一九三六〜）、小澤征爾（一九三五〜）といった人々である。彼らはすべて一九三〇年代半ばまでの生まれだった。団塊世代より一回り上であり、プレ団塊世代ないしプレ・ビートルズ世代である。ちなみにジョン・レノンは一九四〇年生まれである。それともプレスリーが一九三五年の生まれだから、ロックンロール世代と言ったほうがより正確か（日本で言えば加山雄三が一九三七年に生まれている）。もちろん今名前を挙げた指揮者たちはすべて一九六〇年代から活動していたわけだが、指揮者の場合はキャリアを作るのに時間がかかるから、やはり本格的にスターとして音楽界の表舞台に出てきたのは一九七〇年代に入ってからと言っていいと思う。

この世代の指揮者たちの多くが、上の世代にはなかったスポーティーさを売り物にして世に出てきたのは、示唆的である。長髪にパンタロンが似合うニューリーダーのイメージである。彼らはクラシックにおけるビートルズであり、音楽的にもまた上の世代にはない清潔さと機能性を特徴にしていた。キビキビしていて贅肉がなく、低カロリーでさわやかで——いわば徹底的な軽量化により低燃費化をはかった日本車のイメージである。

今やかつてのニューリーダーたちも八〇歳。アバドやマゼールのようにすでに鬼籍に入った人もいる。彼らより上の世代の巨匠たちは、六〇歳になるよりも前から、何かしら「政界の黒幕」的な怪物的な風貌を備えていた。ニューエイジは違う。最後の最後まで若々しい「兄貴」のイメージを保とうとした。ただし人は否応(いやおう)なしに老いる。過度の若作りは見ていて痛々しい。しかも指揮者というのは本来、老境に入りあちらの世界に半分足を突っ込んで初めて、まるで神が降臨したような啓示を聴衆に与えることができるようになる、そういう商売なのである。

総じてこのかつての新世代の指揮者たちが、晩年になって徐々に活動をデクレッシェンドさせていったという印象を持っているのは、私だけではないはずである。一九三〇年に生まれたカルロス・クライバーは、この世代の最大の天才カリスマ指揮者であったが、彼に至っては六〇歳くらいからほとんど指揮をしなくなり、まるで隠遁者(いんとんしゃ)のように世から姿を消してしまった。彼の指揮というのは若々しいダイナミズムの塊のような魅力をもっていたから、老いた自分を見せたくなかったのであろう。実際あの躍動感の塊のような音楽を高齢になって実現するのは、ほとんど不可能だったと思う。あえてスタイルの「転身」をはかることもなく、クライバーはほとんどひきこもり状態のようにして世を去った。指揮者の世界にまで社会のピーターパン化の影がおよぶ、そういう時代が始まったのであろう。

　このアンチ・エイジング世代とも呼ぶべき指揮者たちの中で、恐らく新しい「老いの形」の最も美しい姿を示し得たのが、二〇一四年に亡くなったイタリア人のアバドだろう。彼は一九九〇年にカラヤンの後継者としてベルリン・フィルの芸術監督になったが、二〇〇二年に健康を理由に地位を退いた。ベルリン・フィルの芸術監督で生前に自ら退任したのは彼が最初である。逆に言えば前任者カラヤン、あるいはその前のフルトヴェングラーらは、死ぬまで絶対に権力を手放そうとしない皇帝のようなものだったと思っていいかもしれない（正確にはカラヤンは一九八九年四月に芸術監督・終身指揮者のポストを辞任し、七月に亡くなっているが）。そもそも指揮者という職業自体に終身独裁者のようなところがあって、彼らを交代させるにはクーデターで失脚を狙うくらいしかない、そういうものだったのだ。地位に伴うストレスもあって健康を害し、自分から地位を手放すようなやわな神経では、務まるような仕事ではないのである。

　しかるにアバドは、とりわけその晩年、臣下たちを慄（おのの）かせるような睥睨（へいげい）の一瞥（いちべつ）でもって強権支配するカリスマ皇帝とはまったく違う、巨匠らしからぬ巨匠として音楽界の敬意を集めた。特にベルリン・フィルを辞めてからの彼は、既成のプロのオーケストラをあまり指揮せず、自身が組織した若手中心のオーケストラ（マーラー室内管弦楽団、モーツァルト管弦楽団等）、あるいは夏のルツェルン音楽祭の間だけ、アバドの音楽に共感するヨーロッパ各地のオーケストラ団員が集まって組織されるルツェルン祝祭管弦楽団などと好んで共演した。特にルツェルン祝祭管弦楽団との演奏の多くはＤＶＤに残されているが、これを見てもわかるように、アバドは自分の好きな音楽を皆で一緒に探求する無心な歓びというものに、至上の価値を置いていた。スター・ビジネスではない音楽。力ずくで征服するのではない音楽。その意味で彼の音楽には、極めて高い次元における、クラブ活動的な楽しさがあった。

こうしたアンチ・エイジング的な傾向は、大なり小なり今日の演奏家の多くに共通している。唯一バレンボイム（一九四二〜）はかつての皇帝的なイメージを強く押し出しているが、ベルリン・フィルにおけるアバドの後任ラトル（一九五五〜）なども、ポップ・スター的なキャラクターで売り出した人だ。低カロリー、スリム、スポーティー、そして優しさなどに至上の価値を置く現代社会の反映でもあろう。カリスマ的なものは

「強権オヤジ的なもの」とほぼ同義であり、社会のヒール役なのだ。いまどき強面ではスター指揮者になるのは難しい。

しかし何事であれ必ず反動は来る。ヒールがほとんど絶滅危惧種になってしまうと、人々は逆にそれへのノスタルジーにかられる。私が思い浮かべているのは、今やドイツやオーストリアですさまじい人気を誇っている、クリスティアン・ティーレマン（一九五九〜）という中堅指揮者のことである。ウィーン・フィルは彼にぞっこんだというし、『わがワーグナー人生』という自伝的な本を出版して、あちこちの本屋で平積みにされるなど、彼は今やドイツ音楽界の最大の寵児である。

ティーレマンは二一世紀の今日にあってあえて臆することなく、かつてのフルトヴェングラーらのカリスマ巨匠の重量スタイルを再現しようとしている。健康食品もハイブリッド車もくそくらえ。怒濤のようなうねり、腹の底に響くような分厚いサウンド、そして重々しいテンポの高カロリー音楽。何か悪いか！　これがティーレマンのスタンスだ。時代錯誤な〝ジュラシック・パーク〟か。それとも往年のカリスマ巨匠の蘇りか。いずれにせよティーレマンのスタイルがウルトラ保守反動であることは間違いなく、ここでもひょっとすると指揮者像は社会の風潮を反映しているのかもしれない。

古楽演奏とは何か

ドイツの哲学者ベンヤミンと、同じくドイツの劇作家ブレヒトの往復書簡に、面白いやりとりがある。「住む／棲むこと」についてである。ベンヤミンに「住むとは何か?」と問われたブレヒトは答える。「住む」には二種類しかない。主人としてのそれと、客人としてのそれだ。そして彼は筋金入りの共産主義者として、自分は断固「所有」することを拒み、永遠の客人であり続けると主張する。それに対してベンヤミンは言う。世界にはもはやどんな「主人」もいない（そういえば確かにカフカの『城』でも、いつまでたっても主人は姿を現さない）。人は皆「間借り人」であるにすぎぬ。そして間借り人には二種類いる。いかにも女大家が気に入りそうな、部屋を大切に使う几帳面型。そして部屋を汚し放題にしてしまう男やもめ型……。

この「住む」についての喩えは、作曲家と作品と演奏家の関係を説明するのに、実に都合がいい。クラシックのレパートリーにあっては、家の主人＝作曲家はとうに死んでいる。ただし、すでに少し触れたように、少なくとも二〇世紀の前半までは、作曲家直伝の伝統に連なるような人がまだ生きていた。フルトヴェングラー、カラヤン、ベーム、ホロヴィッツ――みんなそうである。彼らはいわば、かつての所有者＝家の主人＝作曲家の相続人として振る舞う。主人の息子として、娘として、孫として、親友として。「私がルールブックだ」的なやりたい放題が、いわゆるカリスマ的演奏の大きな特徴であることは、これまで何度も強調してきたところだが、これも彼らが自分を血縁の相続者として意識していると思えば説明がつく。

この家のかつての主人＝作曲者は、自分のお父さん（お祖父さん）であり、大好きだったお父さんがこの家＝作品をどういうふうにしたがっていたか、自分は他の誰よりもよくわかっている、というわけだ。テーブルをここに置いたのはあそこのスペースを大きくとるため。でもそれだったらテーブルを少しこちらにずらしたほうがもっといい――彼らはこういう発想をする。そして家を勝手にいじる。「偉大な故人の意図をもっとよく実現するため」という純粋な善意から。

しかし時が経ってやがて親族がすべて世を去り、その家が博物館になってしまったとしたら？　「ゲーテの家」とか「ヘミングウェイの家」とか、そういうものである。そこに間借りするのはキュレーターである。家の中を主人の生前のままにし、決して何も動かさず、場合によっては縄を張って立ち入り禁止にし、ただただ丹念に保存する——今日の優等生的演奏家の多くは、大なり小なりこの路線を踏襲する。

しかし別の発想もありうる。主人などもうこの世にいないのだから、家の中を思い切り自由にアレンジして楽しんじゃえ！　グレン・グールドはこの路線である。ここにテーブルと椅子と箪笥（たんす）がある。箪笥をひっくり返して、その上に椅子を乗っけて、隣に横倒しにしたテーブルを置いてみれば、思いがけない斬新なオブジェの出来上がり。勝手に内装をいじくるのは血縁の遺産相続人と同じであるが、ここでは「亡きお父様の意図」などというものはまったく問題にならない。どうせ世界にはもはや「主人」はいないのだから。

それでは近年大流行の古楽路線はどうなるか。彼らのスタイルは一見キュレーターのそれとよく似ていると見えて、実は本質的にまったく違う。まずは古楽演奏について箇単に説明しておこう。今日のクラシック音楽で使用する楽器が今の形に整えられたのは、およそ一九世紀後半のことである。一九世紀前半のピアノに鉄骨フレームなど入っていなかったし、一八世紀にはそもそもピアノという楽器すらなかった。一八世紀にはまたフルートは木製であったし、金管にバルブがついてもいなかった。一八世紀前半には肩にかけるような形をしたチェロもあったらしいし、そもそも合奏などのピッチも今とはかなり違っていた。こうした作曲時のデータを徹底的に調べ上げ、作曲家が生きていた時代のとおりの響きを復元（もちろん楽器も当時のものを用いる）しようとするのが、古楽演奏である。

以前は古楽といえばルネサンスからバロックまで、せいぜいハイドンやモーツァルトの時代くらいまでを対象としていた。だが今ではベートーヴェンはおろか、ワーグナーやリストといった一九世紀後半の作曲家まで同じアプローチを試みる人々がいる。彼らの時代の楽器を復元して演奏するのである。要するに二一世紀の今日では、一九世紀ロマン派までもが遠い過去の「古い音楽＝古楽」になりつつあるということだろう。主人＝作曲家の死後しばらく家に住んでいた親族たちも、もはやいなくなった。住人がいなくなると、家を博物館にしようという声が出てくる。「ゲーテの家」にするのである。

しかしここで大問題が生じてくる。故人の親族が家に住んでいた間に、彼らは「故人の意図」と称して勝手に家具の位置を変え、改造工事をしていたのである。しかも壁紙などは相当傷んできている。最新の知見をフル活用して、こうした勝手な変更を徹底的に洗い上げ、すべてを「元どおり」にしようとする。それが古楽の理念である。

しばしば古楽演奏には、単なるキュレーター的保存をはるかに逸脱する、独特のラディカルさがある。アーノンクールなどは典型だが、それはほとんど攻撃的と言ってもいいほどである。古楽演奏がもたらした衝撃は、名画の修復工事に似ている。修復後のダ・ヴィンチの『最後の晩餐』とかミケランジェロの『最後の審判』を見てショックを受けた人は多いだろう。「嘘だろう……？　まさかダ・ヴィンチやミケランジェロの名画が、こんなにどぎつい劇画みたいなギトギトの色彩をしているなんて……年輪を感じさせるもっとくすんだ色をしていてこそ永遠の古典だろうに……」だが古楽はそんな感傷には目もくれない。彼らに言わせれば、これこそが「本来の」姿なのである。それは科学的に証明されているのである。自称相続人たちが行った勝手な模様替えは、徹底的に修正されなければならないのだ……。

今挙げたいくつかの「住人」のパターンは、いずれも極端な例ではある。現実の人気演奏家のほとんどは、いわば巧みな折衷パターンを選ぶ。「私が代理人だ!」的なカリスマの自信も嫌味にならぬ程度に程よく。忠実なキュレーターふうの誠意ももちろん大いに見せ、時代に合わせたリニューアルないしリストアも適宜加える。とりわけ「リニューアル＝新風」という意味で、ヨーロッパ外の国の出身のスターは重宝される。かつての小澤征爾、今ならベネズエラの指揮者ドゥダメルや中国のピアニスト、ラン・ランといった人々が、クラシックの数々の名作という「家」の住人として歓迎されている。いわば外国人横綱的な現象である。オーケストラでも、例えばベルリン・フィルのフルートのトップはスイス人、コンサートマスターは日本人といったグローバル化が、果てしなく進行中だ。

しかるに今では、ひょっとすると往年の巨匠と呼ばれたような人々の古い録音を聴いて、「これのどこがいいんだろう? ただ古ぼけているだけにしか聴こえないが……?」と思う若い世代の人も多いかもしれない。どれだけ大切に扱っていても、そして一見どれだけ以前と変わらぬように見えても、「家」というものは少しずつ確実に変化していく。

オーケストラになぜ指揮者がいるのか

指揮者はなぜ「要る」のか？　多くの人が一度はこういう素朴な疑問を抱いたことがあるはずだ。彼らは自分で楽器を演奏するわけではない。なのに一段高いところ――指揮台というのは想像以上に高いものであり、あそこから睨（にら）みつけられると恐ろしく威圧感がある――に君臨して、実際の演奏はプレーヤーたちにやらせ、そのくせ拍手はまるで自分が主役であるかのように独り占めする。自分で演奏もしていないヤツがどうしてそんなに偉いんだ……？

昔懇意にしていたある日本のオーケストラのコンサートマスターの方が、自分の楽団の常任指揮者のことをいつもくそみそにこき下ろしていたのを思い出す。

「指揮者っていうのは本当に気楽な商売だよ。もしA（このオーケストラの常任指揮者だった人を仮にこう呼んでおこう）が飛行機のパイロットか長距離バスの運転手だったと仮定してごらん？　仕事のたびに何十人もの死傷者が出るような大事故を起こしているようなものなんだから。一回の公演でいったい何度振り間違えをやるか想像できる？そういう時にフォローして無事故で済ませるのがコンサートマスターの役目。とはいえAが振り間違えるたびに、こちらはすくみ上がって心臓発作を起こしそうになるからなあ……。これでもし病院にかつぎ込まれたら労災保険は出るのかなあとか、演奏中によく考えるよ……」云々云々。

ちなみにオーケストラと指揮者は敵対関係にあるのが常で、そもそもオーケストラの団員が自分のところの指揮者をほめることなど滅多になく、この話をしてくれた人が特に口が悪いというわけでは全然ないのだが、いずれにしても指揮者とはことほどさように憎まれ役であって、オーケストラから「あんなやつならいないほうがマシ」と思われていない指揮者を探すほうが、実は難しいと言っても過言ではないようなところがある。

では指揮者はいったい何のために指揮台の上に要る／居るのかと言えば、身も蓋もない言い方だが、とりあえずは「拍子を勘定するため」である。実際一八世紀の終わりくらいまでの指揮者は、譜面台を棒で叩いたりして拍子を勘定していたらしい（ゲーテの

『イタリア紀行』でそういう場面が出てくる)。オーケストラは五〇人以上の大所帯であるから、いくらプロの集まりといっても、テンポ感は微妙に一人一人が違う。また楽器を演奏するのはうまいが、テンポの悪い人もいる。途中で勝手に速くなったり遅くなったり、周囲のテンポと微妙にずれるといった人たちだ。それに人間だから、何かしらプレッシャーがかかると、テンポが狂ったりもするだろう。こういう誤差が積み重なって大事故にならぬよう、指揮者が中央でカウントして集中管理するというわけだ。

個々の楽器の「入り」(特にソロのパッセージ)の指示も、指揮者の大事な仕事である。特に金管楽器などは、何十小節、時に何百小節も休みがあってから、いきなりソロが回ってくるということも珍しくない。そういう時はプロであっても入る時に「本当にここで合っているんだろうか……」とプレッシャーがかかる。だから指揮者に「はいどうぞ」とやってもらえると助かる。逆に言えば、ある指揮者がきちんとサインが出せるかどうかの見極めはオーケストラのプレーヤーの最大の関心事の一つであって、サインを出すのが難しいところで「指揮者いじめ」をやったという話も時々聞く。例えばヴァイオリンに非常に複雑なリズムが出てきて、それに指揮者がかかりっきりにならざるを得ないような箇所で、金管のプレーヤーがわざと「そこはこっちも難しいので、僕にもサインくださ〜い」などと言って嫌がらせをするといった類いのことである。こういうときに涼しい顔をして「いいよ」と答え、右手でヴァイオリンを振りながら、左手で金管にサインを出したりできれば、その指揮者の株は大いに上がるだろう。オーケストラ・プレーヤーが何より恐れるのは自分だけが恥をかくこと、つまり「落ちる（今どこにいるかわからなくなる）」ことなのである（ちなみに嘘か真かフランスの指揮者／作曲家のピエール・ブーレーズは、右手で五角形を描きながら、左手で三角形を描く――つまり五拍子と三拍子を同時に振る――といった芸当ができたらしい）。

　とはいえ、超一流のオーケストラともなれば、実は指揮者なしでもたいがいのレパートリーは、自分たちだけで演奏できてしまうはずである。さすがに二〇世紀初頭のマーラーやリヒャルト・シュトラウスやドビュッシーになるときついかもしれないが、ブラームスやチャイコフスキー程度なら楽勝だ。だからこそ、というべきか、ウィーン・フィルのような一流オーケストラは、「こいつはダメだ」とばかりに指揮者を見限ると、もう彼の意向は無視して、コンサートマスターに合わせて自分たちだけで勝手に弾き切ってしまうこともある（もちろん彼らはそんな内幕をばらしたりはしないだろうが、客席で聴いていて明らかにそうだとわかるケースは確かにある）。ヘタなカカシは見るだけジャマ、ということか。

ただし、いくら拍子勘定とサイン出しが完璧であっても、それで十分というわけではなかろう。わかりきっていることをわざわざ指示する指揮者は逆に嫌われる。学校でうるさ型の教師が生徒にうっとうしがられ、むしろ統率がとれなくなるのと同じである。まして相手は百戦錬磨のプロ集団。だから逆説的になるが、指揮者は余計なことは何もせず、ただそこに居てくれるだけでいい、ということにもなる。そもそもオーケストラのプレーヤーたちは、指揮者が何もせずただ目の前に居るだけでも、彼が音楽を隅々まで掌握しているかどうか、あっという間に見破ってしまうはずだ。そして「こいつは何か持っている」と思えばついてくるし、「こいつはダメだ」と思うと無視を決め込む。

知人のあるオーケストラ・プレーヤーが言っていた。指揮者が何かを持っているか持っていないか、三分もあればわかる、と。「本当に?」と問う私に、彼は言った。「六〇人以上のプロが一二〇以上の目でもって、たった一人の人間の一挙手一投足を凝視しているんだよ！　彼が言っていること、彼がやっていることが本物か付け焼き刃かなんて、あっという間にわかるよ！」

思うに指揮者に究極のところ何が要求されるかといえば、技術もさりながら、「何か言いたいことを持っている」という点に尽きるのであろう。団員に自分たちだけでは到達できない何らかの啓示を与えられるかどうか。「この曲をこうやりたい！」というコンセプトと情熱。ちなみに「あいつは何がやりたいのかわからない」というのは、オーケストラ・プレーヤーがしょっちゅう口にする、指揮者に対する悪口の定番である。口で言っていることと、指揮棒でもってやっていることとが違う。テンポが練習のたびに違う。何のためにその練習をさせているのかわからない等々。まったく指揮者というのは、よほどのカリスマか、さもなくばよほど鈍感な鉄面皮の自信家でなければ務まらない、こわいこわい商売である。

指揮者とは「タイムキーパー&サイン出し係」であると同時に、「何か」を持ってさえいれば、何もせずとも、ただそこに居るだけでいい商売だ。何かを持っていさえすれば、居るだけで何もかも変えてしまう。これは誇張ではない。ドイツに留学していた学生時代、ミュンヘンで幻のカリスマとして高名だったチェリビダッケの講習会を見たことがある。受講者は音楽大学の学生がやっている弦楽四重奏団である。確か最初、まず学生だけがステージに上がって、シューベルトの弦楽四重奏曲第一四番《死と乙女》の一楽章を弾いた。それからチェリビダッケが姿を現し、椅子に腰を掛けて、もう一度それをやらせた。チェリビダッケは最初のうち何もせず、ただ座って学生たちを見守っているだけ。ところが驚くなかれ、チェリビダッケがそこに「居る」だけで、全然別物のような響きがし始めたのである。さっきまでどことなくおどおどして、いかにも学生風であったアンサンブルがどっしりと落ち着き、すべてのパートが雄弁に鳴り響き、あるべきところにしっかり収まっている感じと言えばよいか。あれはまったく魔術の世界であった。

指揮者はただ「居る」だけで何もかも変えてしまう。プラスの方向にもマイナスの方向にも。チェリビダッケのケースとは真逆で、自分たちだけでやっている時はそれなりにまとまっていたアンサンブルが、その指揮者がそこに居るだけで不安定になって瓦解してしまう、そういう「へぼ指揮者」だって、絶対にいるだろう。あまり作品をよく把握しておらず、そのくせに横柄で威圧感だけはあり、恰好ばかりつけている小うるさい人物がチェリビダッケの代わりにそこに「居た」とすれば、学生アンサンブルは萎縮して目も当てられないことになったはずだ。どんなに無能な人間であっても、目の前に居る限りまったく無視するわけにはいかない。無視できないから、リアクションとして、どうしても何らかの変化が出てくる。手元が狂いがちになる。人間の集団とはそういうものであろう。

偉大な指揮者というものは、作品を隅から隅まで掌握し尽くしているからこそ、あれこれ指示を出さずとも、ただ居るだけでメンバーを落ち着かせることができるのだと思う。今、どの楽器とどの楽器がどういうハーモニーを奏でているか。そのハーモニーは次にどちらの方向へ転調するか。次に入ってくるあの楽器が吹く音は、どんなニュアンスの不協和音か等々。

例外はあろうが、オーケストラ・プレーヤーたちは実は驚くほど作品の全体像を知らないケースが多い。次から次へいろいろなレパートリーをこなさなければならず、その中には少なからぬ新曲も交じっているだろう。だから自分のパートを無難にこなすことだけで精いっぱいになってしまうのは、当然といえば当然だ。自分が吹いているそのメロディーは、どういうモチーフを展開しているか。そこのその音はどちらの方向へ転調するのか。そういうことはほとんど知らずに、ただ（もちろんプロだから立派に）吹いている——そういうケースはかなりあるはずだ。

近代のオーケストラとは、いわば超大型空母である。四人乗りの漁師船とは違う。弦楽四重奏ではない。後者であったなら、四人全員が船の仕組みを熟知し、航海のルートもしっかり把握していて、いざとなれば誰もが船長の役割を果たすことができるということもあり得るであろう。しかし大型空母の乗務員は基本的に、自分の小さな小さな持ち場のこと以外、ほとんど何も知らない。全体像が見えていない。だからこそ、すべてを鳥瞰図的に把握している艦長の役割が桁違いに重要になってくる。そして艦長が頼りなければ、組織全体が浮足立つ。

オーケストラに限らず、人間組織（会社、スポーツチーム、軍隊、学校等々）においては、トップの一挙手一投足の気配に、常時全員が全身全霊を傾けて聞き耳を立てているであろう。指示が欲しいと思っている時に来ないと不安になる。何かしようとしている時に、それにかぶせるようにして別のことを言われるといら立つ。わかりきっていることを何度も言われると逆のことをしてみたくなる……。

想像するに、指揮者にとって最も重要な資質の一つは、タイミングの勘であると思われる。指揮者とプレーヤーの関係を、異性を口説く場合に喩えるとわかりやすいかもしれない。「あの人ってタイミング悪いのよね～」という時のあれである。異性が「このタイミングでこう来てほしい」と思っている、まさにその図星の瞬間に、過たず相手にさっと手を差し出す。プレイボーイというのはそういうものなのだろう。ところが多くの人間は、おかしなタイミングで告白しようとしてみたり、あるいは肝心のタイミングをスルーしたりしてしまうので異性に逃げられる。こういうことが、オーケストラと指揮者の間にも、常に起きているに違いないのだ。

多くの名指揮者は猛烈にセクシーだ。単にハンサムだとか好色だとかそういう話ではなくて、そこしかないというタイミングを過たずに衝き、そうやって思うがままに相手を操る野性的な本能のようなものが、彼らに独特の官能的な相貌を与えているのだと思う。ただし官能的とはいっても、単にスマートだとかそういう話ではない。例えば猛獣の多く、あるいは蛇などの爬虫類は、しばしばある種のセクシーさを備えている。見つめられた側は金縛りになって動けなくなる。大指揮者の相貌にはしばしば、こうした「恐怖が持つ官能」とでもいうべき魔術が宿っている。カラヤンなどはこうしたタイプの典型である。

オーケストラのプレーヤーとはいわばピラニアの群れのようなものである。ちょっとでも隙を見せたらあっという間に攻撃してくる。だからといって怖がって下手に出るとなめられる。ある意味で指揮者に最も必要なのは、どんな手を使ってもいいから、まずはオーケストラが絶対に自分に逆らえないようにしてしまう力なのかもしれない。芸術的な独創性がどうのなどといった高尚な事柄は、その後の話だ。ではどんな手段を使って支配するか。

恐らく最も合理的な方法は、機能の圧倒的な高さでもって統率することだろう。指揮技術の高さといったものである。そしてタイミングを自在に操る駆け引きの術。これが官能に通じる。だが恐怖による支配だって、指揮者の重要な資質だ。「こいつに逆らったら何をされるかわからない」という独裁者の恐怖である。

かなり以前、ニューヨーク・フィルのメンバーから、バーンスタインのリハーサルについての次のような話を聞いた。

アメリカのオーケストラではしばしば組合の力が非常に強く、リハーサル時間をオーバーすると残業代を払わなければならなかったりする。しかしバーンスタインは、予定の時間が近づいてもなかなか思うとおりの出来にならない時は、オーケストラに向かって「いったい誰のおかげでプールつきの家に住んでいられるかわかっているだろうな……」などと言い始めるらしい。要するにこれは「自分が指一本動かしただけで、あっという間にこんなオーケストラなんてつぶすことができるんだぞ、そうされたくなかったら残業手当なしで練習につきあえ」という恫喝(どうかつ)なのだ、と。この話が嘘か真かは知らない。だが恐怖支配という武器を持たない指揮者がオーケストラにまともに対峙(たいじ)することが極めて難しいことだけは疑いない。

オペラの客いろいろ

「いい演奏と悪い演奏の違いをいったいどうすればわかるようになるのか」について触れたとき、「途轍(とてつ)もない名演」と「とんでもなくひどい演奏」の違いは、意外に誰でも簡単にわかると書いた。このときも述べたように、問題は「まあまあ」のグレーゾーンだ。私自身も長い間「まあまあ」の細かな見極めがなかなかつかなかった。「悪くはなかった気がするけど……でもそんなに良くもなかった気もする……」。こういうケースは結構ある。前評判の割には眠かった、しかし技術的にはまったくキズがなかった、そして新聞では高名な批評家が絶賛している。それを読んでいると、良さもわからずに居眠りしていた自分が不見識であったのかもしれないという気がしてくる。だがあまり心が動かされなかったというのも事実でいかんともしがたい……。

こんなふうに自分の判断がぐらぐらしたりしなくなったのは三〇歳近くなってから、留学後のことである。ほとんど毎日コンサートやオペラに通っていたが、何より勉強になったのは、ご当地（ミュンヘン）の客の反応である。彼らはお世辞の拍手などほとんどしないから、その反応でもって彼らがどう思ったか如実にわかるのである。それから新聞評も参考になった。有名演奏家ともなると複数の新聞に評が載る。そして向こうの批評家はこれまた歯に衣をまったく着せないので、評価が露骨にわかる。とはいえ、同じコンサートであっても、批評家によって全然違うことが書いてあったりもする。しかし実はまさにここから、たいへん多くのことを教わった。新聞によって正反対のことが書いてあったりするから、こちらとしては一生懸命自分の頭で考えざるを得ない。「偉い先生が書いているんだからたぶん良かったんだろう」などと鵜呑みにできなくなる。「あの演奏が、いったいなぜA紙ではこうなって、B紙ではああなるんだろう？」と、一生懸命当夜のコンサートを反芻してみる。そして徐々にわかってきたのだが、二人の批評家が真逆を書いていると見えても、実はどちらも正しいのである。要するに「若いのに頑張っていた」と書くか、「頑張っていたがまだ若い」と書くかといった違いなのだ。

本場崇拝というものを私はあまり好まないが、ある意味「本場」でクラシックを聴く最大の醍醐味は、ご当地の客を見物することにある。それは海外オーケストラの日本公演などでは絶対に味わえないものだ。かつてミラノ・スカラ座が豪華メンバーで初来日したときの宣伝文句が「建物以外は全部持ってきました」であったと記憶しているが、誰かが音楽雑誌で「たかが建物、されど建物、いっそ建物まで持ってきてほしかった」というようなことを書いていた。私なら「本場の客も一緒に連れてきてほしかった」と付け加えるところである。

客の反応が断然面白いのはコンサートではなくオペラ、そしてドイツやフランスではなくてイタリアである。イタリアのオペラ・ファンともなると、これはもうクラシック・ファンというよりサッカー・ファンに近いようなリアクションをする。客がまるで自分こそオペラ公演の主役のような反応をするのは見もので、たとえある公演がつまらなかったとしても、彼らを見物しているだけで十分に入場料はペイする。「かったるい」演奏だったりすると、客が凄(すさ)まじいヤジを浴びせる。時としてヤジられた歌手の御(ご)贔屓(ひいき)筋と他の客の間で小競り合いになったりもする。ちょっとした騒動になる。皆が囃(はや)

し立てる。すると客の一部は、「今日の公演はつまらなかったから俺たちが代わりに楽しませてやる」とばかりに、ますます張り切って騒ぐ。こういうものを見るのは本当に楽しい。

昔ヴェネツィアのオペラ劇場でこんな場面に出くわしたことがある。公演が終わってカーテンコールの最中、何人かの客が座席の最前列までやってきて、歌手に熱狂的なスタンディング・オヴェーションを送る一方、オーケストラ・ボックスを見下ろしながら何やら一生懸命罵(ののし)っているのである。よく見ると罵られているのは、ホルンを抱えた数人の団員である。そういえばこの公演ではホルンがソロで何度も音を外していたっけ――客は間違いなくそのことについて文句を言っていたのだ。しかし団員のほうもさるもので、一方的に怒鳴られていたりはせず、血相を変えて相手につかみかからんばかりの勢いで何か言い返している。そうこうするうちに野次馬がどんどん集まってきて(私もその一人だったわけだが)大騒ぎになる。このように、イタリアのオペラ公演ではしばしば、たとえ舞台が退屈であっても、公演がはねた後にもう一つの即興芝居が待っていて、結局は存分にオペラを堪能して帰ることができたりするのだ。

もちろん同じオペラ・ファンといっても、アルプスの北になると、ずいぶん体質が違ってくる。良くも悪くもお行儀がいいのである。しかもそれに加えて、鼻持ちならぬセレブ臭をさせている連中が多くなる。オペラ公演は高価だから、「プレシャス」で「ハイソ」な娯楽を楽しむ、「イケてるオレ」をアピールしに来る手合いが少なからずいるのだ。あまり音楽に興味があるとは思えず、ひどく値が張りそうなスーツとかドレスを身に着け、香水をむんむんさせながら、休憩時間にはシャンパン片手に愚にもつかぬ世間話に花を咲かせているがごときスノッブ——こういう連中はしばしば、宝石でじゃらじゃらと飾り立てた、まるでファッション誌から抜け出してきたような美女を同伴したりしている……。

海外旅行案内などを見ると、いまだに「オペラに行くときは正装をしていきましょう」などと書いてある。確かにドイツやフランスのオペラ劇場の高価な席をとったなら、それなりの服装をしていないと周囲から浮いてしまって少々居心地が悪いということはあるだろう。だが正装は断じてオペラ劇場の客の義務ではない。安い席ともなれば、イタリアほどではないにせよ、ドイツやオーストリアにも熱狂的な庶民の客がいる。また高価な席であっても、凄(すさ)まじく値の張りそうなドレスを着込んだりしている連中は、自分たちがやりたいから勝手にそういう恰好をしてきているだけなのであって、他人に対する強制力などないのだ。ヘタに彼らのマネなどしようものなら、逆に田舎のおのぼりさん丸出しになってしまう。

一つ確実に言えることは、オペラ劇場に過剰にフォーマルな正装をして来る輩のほとんどは、音楽などにほとんど何の興味もないということである。公演の後のカーテンコールをよく見ていれば、このことはすぐにわかる。平土間の最前列に座っているような客はたいがい、公演が良かろうと悪かろうと儀礼的な拍手を少ししただけで、すぐに帰ってしまうのだ。ただし私自身は、こういう連中もまた本場のオペラ劇場の風景の不可欠の一部であって、いわばオペラ観劇のついでに無料でファッション・ショーを見せてもらっているのだと、考えることにしている。中高年の、とりわけ男性が思い切り贅を凝らした服装をして集まる場所など日本では皆無に近いから、「目の保養」という意味でもこれは本場でしか味わえないオペラの醍醐味の一つである。

端的に言って、「本場ヨーロッパのクラシックの客層」は、大きく二通りの分け方が可能だろう。「アルプスより北の客（ドイツやフランス）vs南の客（イタリア）」、そして「コンサートの客vsオペラの客」である。このうちテンションが高いのは圧倒的にイタリアの客／オペラの客であって、舞台の出来に対して彼らはサッカー・ファンのような激越な反応を示す。例えばすでに紹介した一九四九年のナポリにおける、マリア・カラスが主演したヴェルディ《ナブッコ》のライヴ録音は、イタリア・オペラ・ファンの「ガラの悪さ」の動かぬ証拠である。音質は非常に悪いが、観客の拍手を聴くためだけにでも入手する価値のある録音である。

これと比べればフランスやドイツのオペラの客は総じておとなしい。そしてもっとスノッブである。彼らは今風に言えば「富裕層」である。しかしながら「アルプスより北のオペラの客」といっても、熱狂的ファンがいないわけではない。かつてミュンヘンで次のような光景に出くわした。当時オペラ劇場監督だったサヴァリッシュが指揮するワーグナー《ワルキューレ》公演でのことである。この時は新演出だったにもかかわらず出来が本当にお粗末で、舞台転換などの技術ミスが頻発、そして主役のテノールの出来が最悪、おまけに第一幕締めくくりの高音の見せ場で見事に音程を外してしまった。こうなると客は黙っていない。幕が下りた途端に猛烈なブーイングの嵐で、誰も拍手などしない。そして休憩の後、第二幕を振るためにサヴァリッシュがオーケストラ・ピットに入ってくると、またもや猛烈な罵声が浴びせられる。それがようやく鎮まって、さてサヴァリッシュが指揮棒を下ろそうとした途端に、また客の誰かがヤジを飛ばす。それに同調して小バカにしたような笑い声が客席に広がる。しかしサヴァリッシュくらいの指揮者になるとさるもので、声がしたほうを振り返りまんじりともせず睨(にら)みつける。それはほとんど騒乱一歩手前といっても過言ではない有様であった。

　オペラの客とコンサートの客はまったくの別人種である。後者がいわば有名な学者の講演会に集まる人々のイメージだとすると、前者は二種類の対照的な人種から成る。つまり有名ブランドのファッション・ショーにやってくるようなスノッブと荒くれサッカー・ファンが、同じ場所に同居しているのである。そして対照的なこの二つの客層は空間的にもすみ分けている。つまり高い席には香水の匂いをむんむんさせた富裕層たちが、天井桟敷(てんじょうさじき)には熱狂的な庶民のファンが、それぞれ陣取るのである。そしてイタリアでは庶民たちが公演を仕切るとすると、アルプスより北ではスノッブたちが幅を利かせている。こういうことはコンサートではまず考えられない。実際オペラとコンサートの客層の違いは日本ではほとんど想像もつかないほどのものであって、セレブの社交場と浅草の演芸場の空気が同居しているのがオペラ劇場、そしてインテリ色が圧倒的に強くなるのがコンサートと思っておけばいいかもしれない。

一体どうしてこの両ジャンルの客層がこんなに違うのかといえば、それは歴史的ルーツがオペラとコンサートとではまるで別のところにあることに起因する。つまりオペラが生まれたのはだいたい一六〇〇年前後、つまり絶対王政が始まる時代であるのに対して、コンサートという演奏形態が作られたのは一八世紀末のフランス革命の頃なのである。これがどれだけ大きな、水と油といっても過言ではない違いか、理解していただけるだろうか？　オペラは王侯貴族のための豪華なショーであり、それに対してコンサートは、彼らを倒して社会の主導権を握った市民階級が作ったものなのである。したがってオペラは豪華絢爛（けんらん）を目指す。だから金持ちのスノッブも集まってくる。同時にもともとオペラは王侯の自分たちの豪勢な逸楽で、民におすそ分けする機能もあったから、庶民のファンもやってくる。それに対してコンサートは、こうした浪費好きの王侯たちを倒した真面目な市民が作ったものだから、本質的に真面目な「芸術鑑賞」の場になるのである。

昔の、つまり王様がいた頃のオペラ劇場では、貴族の客はボックス席に陣取り、優雅に食事などをしながら観劇していたらしい。日本の歌舞伎と同じである。そして面白いことに、平土間は庶民に開放することがあった。ただし座席などはなく、ただの土間という劇場もあった。要するに立ち見である。そして二階や三階のボックス席に陣取った貴族は、食事の残飯をポイポイ平土間に捨てていたらしい。今でもスペインのバールでは残飯を床に捨てる風習があるから、あの感じだったのであろう。上から残飯が降ってくる中を、庶民は立ち見でオペラを見ていたということだ。

こうした一つの空間の中の「階級格差」は、少数の例外を除いて、コンサートにはまずないものである。

ただしオペラ劇場における富裕層と庶民のミックスの度合いには都市ごとの違いがあって、これまたわかってくるととても面白い。イタリアで幅を利かせているのは天井桟敷の庶民、それに対してドイツやフランスではスノッブが増殖するわけであるが、とりわけ鼻持ちならない上流ブルジョワが大量にいるのがウィーン、ミュンヘン、そしてパリだ。すべてカトリック圏であることに注目されたい。

ヴァチカンの聖ピエトロ教会やローマ法王の衣装に象徴的に表されているように、カトリック文化は本質的に蕩尽(とうじん)を奨励する。金を持っている者はそれを使わなければいけない。ため込んだりせずに、喜捨しなくてはならないのだ。それに対してプロテスタントでは倹約は美徳である。貯蓄して資本とするのは罪ではない。かくしてプロテスタント圏のベルリンやライプツィヒ、あるいはアムステルダムなどでは、オペラの客も総じて地味である。

ガラの悪い庶民、鼻持ちならぬスノッブ、そしてインテリ——これらの「階級」がどのようなパーセンテージで交じり合っているか、またカトリック圏とプロテスタント圏でどういう客層の違いがあるか、こんなことに興味を持って「本場」のオペラ劇場を訪れれば、何か面白い発見があること請け合いである。

音楽と旅

音楽は旅と不可分に結びついている。ＮＨＫの『名曲アルバム』をはじめ音楽紀行の番組は数多く、また批評家の吉田秀和氏もこのジャンルで多くの名エッセイを残した。あらゆる名作が旅のロマンをかきたてるというわけではないにせよ、旅情を薫らせる音楽には特別なオーラがあるし、また予期せぬ音楽との素晴らしい出会いは旅を忘れ得ぬものにしてくれる。そもそも音楽はいわゆる「ハレの日」の特別料理であって、「ケ」の日常でも漫然と音楽を聴き続けていたら、音楽がもつ「向こうの世界」への誘惑の魔力が失せてしまう。いつでもどこでもいながらに好きな音楽を聴くというのは、ひょっとするとミューズに対する冒瀆（ぼうとく）であるかもしれないのだ。少なくとも私にとって音楽とは、日常の時間の裂け目から響いてくる異界からの誘いである。それは私たちを向こうの世界へ誘い出そうとする。音楽を生業（なりわい）とする人々が古来、例えばロマのように旅の楽師として表象されてきたことは偶然ではない。彼らはある日いずこからともなく姿を現し、祭りの日に魅惑のメロディーを奏でて人々の心を奪い去り、そして再びいずこともなく姿を消す。定住してしまったら彼らの魔力は半減してしまうであろう。

日常への定住を拒む力――これこそ音楽が私たちに与える希望の力の源泉だと思う。旅は今も昔も危うい。何が起きるかわからない。危険に満ちている。もし怖い目に遭うのが嫌であるなら、旅になど出ず、家の中でじっとしていればいい。しかし家にこもってばかりいて、外の世界が消滅した日常の中で惰眠をむさぼっている者に、「希望」はないであろう。自分が住む世界の「外」を見てみたいと思うことこそ「夢」であり、あちらにあるのがここよりもよい世界であるかもしれないと考えることが「希望」であるとするなら、翻ってこちらの世界を少しでもよいものにしようとすることは日々の生の活力にもつながるであろう。音楽に――昨今流行の言い方をすれば――「癒やす」力があるとすれば、それはこのような意味においてである。家にいながらにして、まるで安楽椅子に寝そべり、受け身でマッサージを受けるようにして音楽に耳を傾ける者に、決して音楽が本来もっている「癒やす力」は与えられないと私は確信している。

いながらにしていては絶対に聴くことのできない音楽――こういうものには独特の魔力が輝いている。例えば十代の頃の私は指揮者のカルロス・クライバー、そしてピアニストのヴラディーミル・ホロヴィッツに狂ったように熱中したが、この二人は極端にコンサートの数が少なく、録音もあまり入れず、おまけにキャンセル魔としても知られていた。クライバーはのちに（彼としては比較的頻繁に）日本を訪れるようになったし、ホロヴィッツも晩年に来日公演を行ったが、いずれにしても毎年の恒例行事のように来日を期待できるような存在ではなかった。彼らを聴くことがある程度期待できたのは、ホロヴィッツならニューヨーク、クライバーならミュンヘンであり、高校生の頃の私は「大学生になったら地の果てまで追いかけてでも絶対にホロヴィッツとクライバーをライヴで聴く！」と固く決意をしていた。幸いこの「願掛け」は二つとも達成できたが、そのためにはずいぶん無茶もした（食費を極度にけちるとか、幾夜も徹夜してチケット売り場に並ぶとか、そういうことである）。彼らが安定的に聴ける存在だったとしたら、たとえその音楽がまったく同じものであったとしても、ここまでそれが光り輝いていたかどうか。もちろんこんな仮定に意味はなく、精神的に不安定なところがあるからこそ、その音楽は常人には絶対に期待できないような天才的な誘惑者の輝きを放っていたわけであろうが。

いずれにしても究極の音楽体験とは、ハーメルンの笛吹き男やカルメンに心を奪われることであると同時に、一種の宗教巡礼であると私は考えている。幾多の困難が待ち受ける一生に一度の旅だからこそ、礼拝の対象との邂逅（かいこう）の法悦はいやましに高められるのだ。いつでもどこでもＰＣからダウンロードして聴けるような音楽からは、この喜悦は絶対に得られまい。

この意味で私が最近魅了されるのは、徹頭徹尾ローカルな音楽である。郷土訛（なま）り丸出しの音楽。地上でその土地でしか生まれ得ないような音楽。どれだけ技量に優れていようとも、多国籍（それは無国籍ということでもあろう）オールスター・チームのようなオーケストラには、ローカルカラーはもうほとんど残っていない。こういう音楽に旅へと人を誘う力はない。世界のどこにでも持ち運び可能で、どこで聴いても同じパック商品のような音楽には、何か決定的な欠陥がある気がする。音楽は生ものであり、地産地消にまさるものはないと思うのだ。音楽は音楽だけで真空パックされているわけではない。本来それを味わう風土とセットなのである。

例えば私は南ドイツでよく飲まれるヴァイツェン・ビールという一種の地ビールが好きで、ミュンヘンなどに行くと昼間から何杯も飲んだりするが、日本の気候だったらきっとあれはまったりしすぎていて、あまりおいしくないだろうと思う。南ドイツの乾いた空気と、総じて低い気温であればこそ、あの生温かい感じがいいのである。同じことが音楽に当てはまらないはずがない。何せ音楽とは空気が振動して生まれる芸術である。その空気の温度や湿度が無関係なはずがあるまい。湿度といえば、音楽が鳴り響く建物にも深い関係がある。街並み全体が石づくりでできているような場所と木造家屋中心の街とでは、響きに対する感覚がまったく違ってきて当然であろう。

それから言語の問題も外せまい。たとえ器楽曲であったとしても、楽器を弾いている人間が普段話している言葉のイントネーションが、音楽をする際のリズムやフレーズ感と無関係なはずがない。例えばウィーン・フィルの弦楽器の節回しを耳にするたび、私は少し舌足らずで甘えるような、とてもドイツ語には聴こえないまったりしたウィーン訛りを連想する。

また先年、ベトナムのオーケストラの来日公演を聴く機会があったが（ハノイにはフランス統治時代に建てられたオペラ劇場があるのだ)、彼らが弾くベートーヴェンの《運命》が私にはとても面白かった。欧米とは相当違う、そして日本人とも微妙に違う、フレーズ感や音程感覚の「お国訛り」があるのである。ドラマチックな強弱対照より、たおやかなイントネーションの高低で音楽を作っていく感覚だ。こうした「私たちに近いけれども違う」隣人のイントネーションを聴いて初めて、私たち日本人の音楽にも——どれだけ粛々とニュートラルな西洋音楽の共通語で話しているつもりであっても——間違いなくこうした訛りが入っているのであろうと、私は思った。

音楽はそれを生み出した人々の生の営みの総体から切り離すことはできない。この結びつきが希薄になると、音楽自体の味わいも薄味になる。音楽は「そこに確かに人々がいる(いた)」という証(あかし)であるとするなら、あえて「生活臭」をそこに強く求めたいと、私は最近よく考える。

ヨーロッパ音楽都市案内――ナポリ

音楽は旅への誘いだとするなら、世界中で最も抗い難い音楽都市はどこか？　ニューヨークやロンドンや東京は違うだろう。これらはあくまで「音楽マーケットの世界的中心」であって、街全体が歌うがごとき「音楽都市」ではあるまい。それに対して、私は訪れたことがないが、おそらくブラジルのリオデジャネイロやアルゼンチンのブエノスアイレス、あるいは南アフリカのケープタウンやキューバのハバナなどは、まさに街そのものが音楽であるようなところであるに違いない。また先年訪れたトルコのイスタンブールも、言うまでもなくイスラム系のそれであるけれども、鮮烈な響きで満たされた素晴らしい音楽都市であった。そしてクラシック音楽について言えば、私にとってのヨーロッパ音楽都市の最右翼はナポリにとどめをさす。

ナポリは観光客に敬遠される街である。治安が悪く物騒なイメージがあるのであろう。今やテーマパークと化しているフィレンツェやヴェネツィアと違って、いまだにここには街中――とりわけ有名な下町スパッカナポリ――を徒手空拳でぶらつく外国人客は少ない。彼らの多くは観光バスで直接ホテルに乗りつけ、そして翌朝そのままポンペイなどへ旅立っていく。確かにナポリ中央駅に降りた瞬間、街のあまりの騒々しさに蒼ざめて立ち尽くしたとしても無理はない。何せここではそもそも信号が機能していない。赤信号で停止したりしたらクラクションによるブーイングの嵐が降ってくる。しかし……。

イタリアはオペラの故郷といわれる。だがすべてのイタリアの都市がオペラ都市であるわけではない。実はローマはそんなにオペラの歴史があるわけではないし、フィレンツェは一応歴史的にはオペラが誕生した街ということになってはいるが、これまたあまり音楽活動が盛んなわけではない。そもそもローマやフィレンツェは聴覚の街というより視覚の街であり、音楽都市というより建築都市なのだ。またオペラの殿堂といわれるスカラ座のあるミラノも、本格的にオペラ史の表舞台に参入してくるのは一九世紀のヴェルディの時代になってからである。それは決してオペラをはぐくんだ街ではないのだ。そもそもミラノはイタリア最大の商業都市であって、イタリア中の物産品がここに集められ展示されるショーウィンドーのようなものである。シチリア生まれのドルチェ&ガッバーナもフィレンツェ生まれのグッチも、ミラノのファッション・ショーによって世界へ発信される。音楽についても似たようなイメージがある。

オペラが生まれ育った街といえば、何といってもナポリとヴェネツィアである。ヴェネツィアについては後に触れるとして、ナポリはオペラをはぐくんだ都市であるという以上に、もう街全体が一つのオペラである。駅前のタクシー・スポットで客を待ちながら何やら大声で喧嘩している運転手たちの怒鳴り声、下町の市場の物売りの呼び込み、買い物をしているおばさんたちのおしゃべり——これらがまるでオペラのアリアのようにメロディーにあふれ、ドラマチックで、「見せる」のである。そもそも当地の庶民は、一様に皆オペラ歌手並みの声量を誇っているうえ、会話がすべて芝居がかったジェスチャーを伴うので、まるで街角の至るところでオペラが演じられているような印象を与える。こんな街はイタリア中でナポリだけだ。

ナポリのオペラ生活の中心はサン・カルロ歌劇場である。これは王宮に隣接して建てられており、もともと国王の劇場だったところだ。ロッシーニやドニゼッティやヴェルディの多くの名作を初演した栄光の歌劇場である。イタリアはどこでもそうだが、ドイツのオペラ劇場のようにほとんど毎日公演をしているわけではない。平均一ヶ月に一つの演目を七公演くらい、といったところか。もし運よくここでオペラをやっている時に当たったら、何はさておいても絶対に訪問するべきである。上演自体はいいかもしれないしよくないかもしれない。だがそんなことは二の次。ここで味わうべきはオペラ自体というよりも、それを包む庶民の熱気のようなものなのだから。

以前こんなことがあった。ナポリを訪れた日、たまたまその夜にヴェルディの《椿姫》の公演の予定があることを知った。ただし劇場には「売り切れ」の張り紙が出ている。しかしイタリアでは「売り切れ」が表示されてからが正念場だ。開演直前になったらほぼ間違いなく、どこからともなくチケットが何枚か出てくるはずだから。まずは情報入手をと考え、劇場近くのピザ屋に入って、注文かたがたボーイに尋ねてみた。すると「俺の友達がオペラ・ファンだから連れてくる」とか言って、店の奥へ入っていった。やがて程なく、その友達とやらがチケットを手に持ってひらひらさせながら、見事な美声で《椿姫》のジェルモン（ヒロインの恋人の父）のアリアを歌いつつ登場してきたではないか！　何のことだかよくわからない。ひょっとするとこいつはダフ屋か……？

こちらは身構える。しかし相手はおかまいなしにテーブルの横でのど自慢を続ける。そして二曲ほど歌ってくれると、グッドラックとか何とか言い残して、再びピザ屋の裏に姿を消した。チケットがなくて入れないかわいそうなジャポネーゼに、代わりに俺が二曲ほど披露してやろうということだったのか。狐につままれたような気分である。ナポリというのはこんな喜劇オペラの一場面のようなことが本当に起きる街なのである。

しかしながら、この「一日中カンツォーネを歌い、女を口説き、冗談ばかり言っているナポリ男」というステレオタイプのみでこの街を眺めるのは、絶対に間違っている。喧騒やカンツォーネやオペラ的芝居がかりと対をなすナポリのもう一つの特質。それは淡いメランコリックな抒情である。まかり間違ってもナポリは「コテコテの」街ではない。このことは食べ物にもよく表れている。スパゲッティ・ヴォンゴレ、モッツァレラ・ブッファーラ、あるいはグラニータ。ナポリの郷土食は総じて淡泊で繊細で優雅で、こう言ってよければロココ的なのだ。

夕べのナポリには、昼間のギラギラした日照りと喧騒が嘘のように鎮まり、けだるいアンニュイが海から吹いてくる微(かす)かな潮風と混ざり合うように感じられる一瞬がある。

訪れる観光客を萎縮させずにはおかない猥雑（わいざつ）な活力、そして思いもかけないアンニュイな静寂。このコントラストを見事にとらえた音楽作品がある。ストラヴィンスキーの《プルチネッラ》である。第一次大戦中、ピカソ、コクトー、ディアギレフ、ニジンスキーという超豪華メンバーでナポリ観光をしたストラヴィンスキーは、下町の芝居小屋で観たドタバタ喜劇に深い感銘を受け、ピカソの舞台美術によるバレエとしてこの曲を作った。不協和音で満ちた有名な《春の祭典》とは対照的に、これは金銀の細かい装飾をほどこされたロココ人形のように優雅な舞曲集である。その間にところどころ、メランコリックで幸福でけだるい楽想がちりばめられる。そして活力にみなぎる終曲、極彩色の生命力がみなぎる音符の数々が爆発する。まばゆい輝きと騒乱と猥雑と混沌（こんとん）と生の喜び。まるでナポリ名物の自動車のクラクションとバイクのノイズが聴こえてくるみたいだ。音楽を愛する者であれば、やはりナポリは死ぬ前に一度は経験すべき街である。

ヨーロッパ音楽都市案内――ヴェネツィア

ヴェネツィアはナポリと並ぶイタリア随一（ということはヨーロッパ随一）のオペラ都市である。いや、オペラといわず、ヨーロッパで最も偉大な音楽都市である。ヨーロッパ一の音楽都市がヴェネツィア？　「音楽の都」ってウィーンじゃなかったっけ？……こう問い返されることは承知だ。あえて言う。ウィーンが音楽の都だなんて冗談じゃない。ウィーンの音楽伝統はたかだか一八世紀後半以後のことであり、しかも「音楽といえばウィーン」という都市イメージは多分に、一九世紀末以来のオーストリア政府の巧みな文化プロパガンダの産物という側面があるのであり、長きにわたって音楽史に及ぼした影響力の大きさという点で、ウィーンはヴェネツィアにとても太刀打ちなどできない――私は固くこう信じている。

ヴェネツィアは国王のいない共和国だったから、早くから数多くの公開オペラ劇場が開設された。王侯の半ばプライベートな祝典としてオペラが楽しまれていたヨーロッパの他都市とは、ここが大きく違っている。オペラ文化が当初より庶民に近いところで育まれたことが、ヴェネツィアのオペラの歴史に大いなる刺激を与えたのである。しかしながら――これを絶対に忘れてはならないが――ヴェネツィアは単なるオペラ都市ではない。それはトータルな音楽都市、つまりありとあらゆる音楽ジャンルが栄えた街なのだ。この街と縁があった作曲家／音楽作品を挙げていくと、目もくらみそうなリストができ上がる。

例えばヴィヴァルディ。ヴェネツィアには生徒にヴァイオリンを学ばせる有名な女子孤児院があり、彼はもともとここの教師だった。ヴェネツィアの貴族のサロンで演奏される弦楽合奏は、カナレットら一七〜一八世紀の絵によく描かれている。ヴィヴァルディの有名な《四季》も、こうした背景から生まれた作品であった。

またヴェネツィアの街の中心に位置する絢爛(けんらん)豪華なサン・マルコ寺院は、右手と左手に二台のオルガン／合唱隊の席が設けてあることで知られ、それによって壮大なステレオ効果を生むことができるようになっていた。初期バロックの稀代(きたい)の宗教音楽の傑作であるモンテヴェルディの《聖母マリアの夕べの祈り》は、この教会のために書かれた作品であった。

あるいはモーツァルトは少年の頃にヴェネツィアを訪れ、また後年の彼のいわゆる三大オペラ（《フィガロの結婚》《ドン・ジョヴァンニ》《コジ・ファン・トゥッテ》）の台本作者として有名なロレンツォ・ダ・ポンテはヴェネツィア人であって、かの有名なヴェネツィアの色事師カサノヴァの友人でもあった。実際モーツァルト／ダ・ポンテの、とりわけ《ドン・ジョヴァンニ》は、一応セビリアが舞台ということになってはいるものの、そこに漂う闇と仮面と背徳と官能のイメージは、明らかにスペインというよりヴェネツィアを連想させるものがある（ジョゼフ・ロージーがこのオペラを映画化したとき、舞台をヴェネツィアに置き換えたのは卓見である）。

このリストはまだまだ続く。ヴェネツィアはロッシーニが《タンクレーディ》の大ヒットで地位を確立した街であり、ヴェルディの《椿姫》および《リゴレット》はここで初演された。また舟歌とはもともとヴェネツィアのゴンドラ漕ぎが歌う一種の民謡であるが、そのメランコリックに揺れるリズムと官能的な甘さは、ショパンやメンデルスゾーンの同名作品に霊感を与えた。ワーグナーがここを死に場所に選んだのは有名な話であるし（彼が亡くなった館は今ではカジノになっている）、二〇世紀に入っても例えばストラヴィンスキーはこの街を熱愛し、遺言でここに葬られた。ヴェネツィアでは本島の面積がごく狭いので、墓専門の島としてサン・ミケーレ島が選ばれたのだが、ここでストラヴィンスキーは盟友だったディアギレフの隣に眠っている。また同じくサン・ミケーレ島には、ブーレーズらと並ぶ二〇世紀後半の前衛音楽の闘士だったルイジ・ノーノも葬られている。このノーノの墓をデザインしたのは磯崎新（いそざきあらた）である。こんなリストはまだいくらでも増やすことができる。

もちろん現在のヴェネツィアではそんなに頻繁にコンサートやオペラがあるわけではない。フェニーチェ劇場で月に数日のオペラ公演、そしてあとは観光客相手に教会でよくやっているヴィヴァルディの《四季》の演奏会くらい。だがヴェネツィアはそれでも今なお、街自体が音楽で満たされている街である。街角で人々が歌っているわけではない。そうではなく、街の気配そのものが無言の音楽なのだ。

ローマやフィレンツェが「目の街」であるとすると、ヴェネツィアは「耳の街」であり、「気配の街」である。ヴェネツィアにはよく霧が出る。冬には雨も多い。おまけに幅が一メートルにも満たず、両側が高い建物の壁になっている路地が蜘蛛の巣のように入り組んでいる。目が利かない。街の構図を一望しようにもしようがない。だからこそ必然的に耳が敏感になる。周知のようにヴェネツィアには自動車が入ってこない（入ってきようがない）から、耳に聞こえるものといえば唯一、永遠に続くような物憂い波、そして揺られてぶつかるゴンドラの鈍い音だけとなる。ちなみにヴェネツィアは浅瀬のようなところにあるから、海の波といっても岸壁にぶつかってしぶきをあげるような類いのものではない。どんよりと揺れる波だ。そして運がよければ、そこにゴンドラ漕ぎが歌う舟歌が折り重なって聞こえてくることもあるだろう。

絢爛豪華なこの街は、どこか深いところで根腐れを起こしていて、ゆっくり確実に腐敗し、抗い難く死に向かっているという印象を与える。事実ヴェネツィアは毎年じわじわと地盤沈下を起こしていることはよく知られていて、いずれ海中に没するだろうことは確実と思われる。冬にはよく洪水があって、ありとあらゆる広場が水浸しになってしまうが（ひどい時は水面が一メートルくらい上がる）、幸か不幸かそういう時に居合わせたなら、ヴェネツィアが死の街であることは嫌でも痛感されるだろう。これは華麗なる廃墟(はいきょ)であって、暴力的なまでの生の活力で満たされたナポリの対極にある。

このことはヴィスコンティ監督の『ベニスに死す』、マーラーの交響曲第五番の第四楽章〈アダージェット〉が使われて有名になったあの映画を観れば、一目瞭然であろう。確か高名な文芸批評家エルンスト・クルティウスが、アルプスより北の小説家／詩人はナポリに憧れるタイプとヴェネツィアに憧れるタイプに二分されるという意味のことを書いていた。ナポリは生きるために訪れる街。それに対してヴェネツィアは死ににに行く街。音楽がそもそも「向こうの世界」からの誘惑のメロディーであるとするならば、死の街としてのヴェネツィアは本来的に音楽と親和性を持っている。『ベニスに死す』の原作となった同名小説の中で、漆黒で舳先(へさき)に一輪の赤いバラを挿したヴェネツィアのゴンドラは棺桶(かんおけ)にそっくりだと、トーマス・マンは書いた。しからば舟歌は冥界への渡し船の船頭が歌うメロディーということになるのだろうか。

音楽都市としてのヴェネツィアの栄光をたたえていると、もうきりがなくなってしまう。歴史家のフェルナン・ブローデルはこの街についての洒落(しゃれ)たエッセイ（『都市ヴェネツィア——歴史紀行』）の中で、ヴェネツィアに詩人や小説家が捧げた文章はこの街の運河を真っ黒に染めることができるほどだと書いたが、これは音楽にも当てはまるだろう。ではヴェネツィアゆかりの音楽の共通分母は何かといえば、それは腐敗と死の闇という通奏低音の上に奏でられる官能のメロディー、ということになるだろうか。何度も言うけれども、それはナポリにおける生の爆発の真逆にあるものなのだ。

例えばシャンデリアの輝く貴族の館の秘密めいた一室。そこで華麗な弦楽合奏に耳を傾けながら、妖しげな戯れにふける仮面の紳士淑女。剣で一突きされて絶命する誰か。ひそひそ笑いと悲鳴。裏手から誰にも見られず、ゴンドラに乗って立ち去る仮面の男。彼が逃亡する際に運河ですれ違うもう一艘のゴンドラ。闇の中を高級娼婦を乗せて顧客のところへ向かうゴンドラ漕ぎが歌う舟歌。淀んだ運河の水のどこからともなく微かに臭ってくる腐臭。ヴェネツィアに似合うのはまさにこうしたセッティングであり、そこでの音楽とはまさにエロスとタナトスの象徴に他ならない。

ヴェネツィアゆかりの有名なカクテルにベリーニがある。長い間私はこれをオペラ《ノルマ》の作曲者であるベッリーニにちなんだものと思っていたが、そうではなくて、後期ルネサンスのヴェネツィア派の巨匠である同名の画家に由来するものらしい。有名な超高級店ハリーズ・バーで考案されたものなのだとか。言うまでもなく桃のジュースをスパークリング・ワインで割ったものである。そしてもう一つ、ヴェネツィアのバールでよく見かけるカクテルに「ロッシーニ」がある。今しがたネット検索したところ「パイナップル・ジュースとウォッカがベース」などと書いてあったのだが、私が「ロッシーニ」としてヴェネツィアで飲んだものはベリーニのヴァリエーション、つまりいちじくジュースのスパークリング・ワイン割りであった。

　これらのカクテルのネーミングもさりながら、その味覚と色彩からして、それはヴェネツィア文化のある意味で精髄であるように思える。少しオリエンタルな香り（特にいちじくは東方貿易で栄えたこの街らしい選択である）。そしておとぎ話のように華麗な色合い。音楽や美術を含めてヴェネツィアの嗜好品はおしなべてそうであるが、その華麗さは少しエキゾティックであり、何よりメルヘンのように、そして死の誘惑のように、脳髄を麻痺させる強い甘味を持っている。例えばヴィヴァルディの《四季》の、蠟燭の灯りで輝く銀細工のような、幻のごとく震える細かい波紋のリズム。優雅な節度をぎりぎりのところで保っている人工的な甘さ。メランコリックな背景のリズム。

　こうしたヴェネツィアの音楽が最も似合う空間はといえば、それはもうフェニーチェ劇場に尽きるだろう。もともとオペラ劇場は照明用に大量の蠟燭を用いるので火事を出しやすかったのだが、とりわけフェニーチェ劇場は一七九二年の設立以来、何度も火災に見舞われた。特に一八三六年と一九九六年の火事ではそれは全焼した。私は一九九六年以前にすでに何度かここを訪れたことがあり、火災によって何もなくなってぽっかり空いた空き地を見るのは、本当に辛(つら)かった。「一体いつになったら再建されるんだ?」と近くのバールの人に尋ねてみても、「いつになるか見当もつかん、イタリア政府なんてそんなもんだ」という答えが返ってくるばかり。だから、二〇〇一年から二〇〇三年の間に、どういうわけかいきなり、そしてあっという間に、しかも驚嘆すべき見事な仕上げでもって、完璧に復元された劇場が再建されたのを知って、二度驚いた。

二〇〇四年のリ・オープニングとなった《椿姫》の公演では、あらゆる手を尽くして何とかチケットを入手し、これだけのためにヴェネツィアを訪れた。そして改めて「この劇場空間こそがオペラなのだ」と思った。金色を散らした淡い緑を基調とするインテリアは、公演のある日ともなると、シャンデリアのオレンジ色の灯りがそこに重なり、真紅のヴェルヴェットのシートともども、何か幻のような色合いを作り出す。これはもはや建物+装飾+照明、ではない。「モノ」ではない。恐らくはさまざまな色合いが絶妙な加減で配合されているからであろう。固体はそこでは消え去る。すべては流体であり気体であり、そして幻灯なのだ。そして公演が終わり、一歩劇場の外に踏み出すと、そこには黒々した闇と淀んだ運河が広がっている。これまた途方もないコントラストの効果である。あれは確かに、路地の暗がりから浮き上がるヴェネツィアン・グラスやカーニヴァルの仮面、あるいはバールの黒い大理石の机の上に置かれたベリーニの華麗なピンクを生み出したのと、まったく同じ感受性である。

こんなヴェネツィアの音楽都市としての精髄を最も正確に射当てた作品といえば、私にとってはオッフェンバックの〈ホフマンの舟歌〉である。もともとこれは《ラインの妖精》（よりによってライン川である）という別のオペレッタから転用されたものなのだが、そんなことはどうでもいい。オペラ《ホフマン物語》の、ヴェネツィアの高級娼婦の館の場面でこのメロディーが流れてくる時、私はいつも本当にあの街に自分が佇（たたず）んでいるような錯覚を起こす。少し湿った空気まで感じられる気がする。

この幕の主人公ジュリエッタは、ダイヤモンド欲しさにダペルトゥットと名のる悪魔のような人物の手先となり、自分に魅了された男たちの影を奪う高級娼婦である。ヴェネツィアはかつてヨーロッパ随一の高級娼婦――国王などを相手にするようなそれ――が集まる街として名高かった。そして当初、金で身を売る彼女への軽蔑を隠さなかった主人公ホフマンは、やがてその色香と手管に籠絡され影を奪われ、殺人まで犯してしまう。ホフマンが恋敵を剣で刺殺した瞬間、まばゆいばかりのあでやかさでもって、まるで何ごともなかったかのように、甘美な舟歌が遠くから響いてくる。そしてジュリエッタは奇怪な間男(まおとこ)の腕に抱かれながら、ホフマンを嘲りつつゴンドラで去っていく……。

《ホフマン物語》を熱愛していた哲学者のアドルノは『楽興の時』の中で、その舟歌を「カフェーや屋台や安飲食店の汚れ水のなかから光彩を放っているようだ」と言い、そして「そらおそろしい潟(ひがた)の底から高まり、屈辱と罪と背徳にまみれながらも、美しい身のゆえにこそまっとうな人間の約束を告げる女の声音となって、ひびきわたる」(三光(さんこう)長治(ながはる)訳)と形容した。今でもカーニヴァルの季節にヴェネツィアのフェニーチェ劇場に行くと、お客が思い思いの姿に仮装し、仮面をつけて劇場にやってくるのだという。してみれば、贅(ぜい)の限りを尽くした衣装をまとい、無数の宝石の輝きと魔法の声音で人々の魂を奪い去り、そして一夜の幻のようにどこかへ消えてしまうジュリエッタこそ、オペラ芸術の女神の由緒正しき化身なのではあるまいか。

ヨーロッパ音楽都市案内――ウィーンのただならぬ場所

イタリア贔屓（びいき）の私は、ヨーロッパ音楽都市の両横綱として、まずナポリとヴェネツィアをとりあげた。だが「音楽の都」といえばやはりウィーンである。もちろん留保はつく。伝統の点でウィーンの音楽史はそんなに長くはない。それが始まるのはせいぜい一八世紀後半からである。

また生粋のウィーン生まれの大作曲家といえばシューベルトとヨハン・シュトラウス二世くらいであり、あとは「よそ者」ばかりである。モーツァルトはザルツブルク、ベートーヴェンはボン、ブラームスはハンブルク、ブルックナーはリンツ、マーラーはボヘミア等々。そして数少ない生粋のウィーン生まれの大作曲家であるシェーンベルク、ベルク、ウェーベルンという二〇世紀前衛の三人の巨匠に対して、超保守的なこの街はひどく冷たかった。いや、モーツァルトに対しても、マーラーに対しても、極めて冷淡だった。だがモーツァルトが典型であるように、ウィーンはしばしば生前には歯牙にもかけなかった大作曲家を、死後それが商売になるとわかるや、恥も外聞もなしに「わが街の作曲家」として利用し尽くす……。

シェーンブルン宮殿をバックにした白馬が引く馬車、聖シュテファン大聖堂の尖塔と抜ける青空、モーツァルトやベートーヴェンやヨハン・シュトラウス二世の銅像、舞踏会の紳士淑女、楽友協会ホールでのウィーン・フィルの由緒正しい演奏会——この「音楽の都」は飽くことなくこうした都市イメージを自己演出してきた。

だが実際にこの街を訪れると、とりわけそれが冬であった場合、現実がこうした晴れやかなイメージとあまりにも食い違っていて、面食らう人は少なくないだろう。ウィーンの街並みはどこかくすんでいて、特に夜になるとひどく暗い。観光客向けのテーマパーク的でこぎれいな装いをした中心部から一歩外れると、あちこちに怪しげなネオンがともっている。「夜鷹（よたか）」であるとか「夜の蝶（ちょう）」といった言葉が思い浮かぶ。まるで幽霊屋敷と化したかつての花街のように見えるのだ。

これを誇張と思う人のために、こうした不気味な夜のウィーンの姿を手っ取り早く体験できる場所を紹介しておこう。ウィーンの顔ともいうべきウィーン国立歌劇場から目抜き通りであるケルントナー通りを、街の中心に位置する聖シュテファン大聖堂まで歩く。ここまでは観光客が大量にいる繁華街だ。だがこの通りをさらにそのまま北へ運河のほうに進むと、だんだん街のようすが違ってくる。ごみごみしてくる。そして私のいう場所はこの運河近く、ホーアー・マルクトのあたりである。

この近辺は昔ユダヤ人街であった。小さな小売店がひしめいていた。シナゴーグもいっぱいあった（今でも一つだけ残っている）。ただし今ではゲットーの影も形もない。がらーんとしている。皆どこに行ってしまったのか？　言うまでもない、第二次大戦中に追放され、また多くは収容所へと送られたのである。このあたりは淀んだドナウ運河に近いところにあるが、その向こうにはプラーター地区が広がっている。映画『第三の男』の有名な観覧車の撮影現場になった遊園地のあるところだ。そしてこの遊園地のすぐ近くには、戦前まで北駅という大きな鉄道駅があって、そこからはポーランド南部のクラカウ（ポーランド語でクラクフ）へ向けて直通の列車が出ていた。そしてアウシュヴィッツはこのクラカウの郊外にある。ウィーンに住みついていたユダヤ人の大半は東欧出身であったが、彼らはこの北駅からアウシュヴィッツへと送り返されたのである。

　ホーアー・マルクト付近はまた別の文脈でも一種心霊スポット的なところだと私は信じている。ここには古代ローマ博物館があるのだが、かつてこの場所には駐留ローマ軍の兵舎があったのだ（周知のようにウィーンはもともと古代ローマ人が建設したウィンドボナという町であった）。そして当時はドナウ川がこの場所のすぐそばを流れていたから、恐らくこのあたりはローマ軍の港でもあったはずである。真夜中にホーアー・マルクトの付近を歩くと、異郷の地で死んだローマ兵士の亡霊に出くわすのではないかという気すらしてくる……。

　このホーアー・マルクトの古代ローマ博物館近辺は、前述の映画『第三の男』のロケに使われた。ドラマの終わり近く、オーソン・ウェルズ演じるハリーを逮捕するべく、警官たちが暗闇に身を潜めているところに、随分もうろくしていると思しき風船売りの老人が通りかかる場面である。この老人はまるで戦前にこのあたりで屋台を出していた東欧系ユダヤ人の物売りの亡霊のように見える。ナチスは戦中にこういう人々を徹底的に抹殺したはずであり、映画が撮影された戦後のウィーンに、こんな人たちがまだ生き残っていたとは到底思えないのだが……。

ひょっとして『第三の男』に登場するこの老人もまた、かつてこの近辺に暮らしていたユダヤ人の亡霊ではあるまいか……？　長らくウィーンに住んでいた音楽家の友人に、これと同じ話をしたことがある。すると彼は即座に言った。「あのあたりは下宿代が安いんだよ。みんな気味悪がって住みたがらないからね」。右に述べたことは決して自分だけの妄想ではないと、それ以来私は確信するようになった。

ちなみにモーツァルトが新婚時代に住んだ家も、このホーアー・マルクトのすぐ近くにある。彼の有名な像は、このスポットとは対照的に華やかな宮殿の近くに、絵葉書では常に青い空をバックにして、晴れがましく立っている。それは彼の音楽に、優美で晴れやかな愉悦の響きのイメージを与える。だが果たしてモーツァルトの作品はただ単に晴れがましいだけのものなのだろうか？　その背後にはしばしば幽鬼のごとき不吉な死の影が潜んではいないか？　ホーアー・マルクトの近くを訪れるたびに、私はこういうことを考える。モーツァルトはのちに、聖シュテファン大聖堂近くのもっと値の張りそうな建物に引っ越したが、その後で再びウィーンで最初に構えた家のすぐ近くに戻ってきた。このホーアー・マルクト付近には、何かしら彼を呪縛するような魔力が潜んでいたのだろうか。

この「スポット」は、観光客で賑わう聖シュテファン大聖堂付近から、わずか数百メートルしか離れていない。国立歌劇場からは七、八百メートルくらいだろう。ウィーンの本当の凄みは、華麗と闇とがコインの裏表のように同居している点にある。闇のホーアー・マルクト付近を歩いてから、もう一度公演が終わるくらいの時間に国立歌劇場あたりに戻ってくるといい。するとシャンデリア輝くホールから出てくる着飾った紳士淑女たちも、まるで過去から蘇った亡霊のように見えてくる。

ラヴェルに《ラ・ヴァルス》というバレエ曲がある。これは大戦前の古き良き時代のウィーンへのオマージュとして意図された曲だった。これはいわば自由にアレンジされたワルツのメドレーといった趣の作品なのだが、こう言ってよければ一種奇怪な曲である。茫洋とした闇の中から紳士淑女たちの幻影が姿を現し、ワルツの乱舞の後、熱狂の中で突如としてすべてが崩壊するといった作品なのだ。この曲を聴くたびに私は、「ラヴェルもまたウィーンが華麗なる亡霊都市であることを正しく見抜いていたのだ」と密かに意を強くする。

ヨーロッパ音楽都市案内――ザクセンの音楽

人は「音楽の都ウィーン」といい、「音楽の国ドイツ」という。都はウィーンで、国ならドイツ？　ウィーンはオーストリアの首都であって、ドイツのそれではない。確かに両者の言語は共通しているし、日本にいるとなんとなく兄弟国のようなイメージがあるかもしれない。しかし国としての両者の成り立ちはまったく別物で、国民性も相当に違う。いや、そもそも言語からして、オーストリアは超の字のつく多言語国家であったから、言葉すら両者の共通点ではないのかもしれない。

一つ確実に言えることは、ドイツにしてもオーストリアにしても、美術ではイタリアに太刀打ちできるはずもなく、文学ではフランスに後れを取り、演劇ではイギリスのシェークスピアに当たる存在をもたなかったが故に、近代国家形成において文化アイデンティティーを確立するに際し、こうした劣等感が拠り所を音楽に見出だしたということである。「音楽ならイタリアやフランスやイギリスに勝てる！」ということか。そしてそこにハプスブルク帝国（オーストリア）とプロイセン・ドイツ（ドイツ統一はベルリンを首都とするプロイセン王国によって成された）とのライバル関係が加わって、「音楽の国はドイツだ、いや、ウィーンこそ音楽の都だ」という一種の「本家争い」ともなった――この見立てでそう間違いはないはずである。

多くの偉大な音楽家がドイツ／オーストリアの国境を越えて活躍したのは確かである。だが、両国の音楽伝統はほぼ完全に一つのものであり、単なる政治イデオロギーの対立から「やれドイツだ、やれウィーンだ」という話になっただけかと言えば、それはやはり違う。ドイツの音楽とウィーンの音楽は、相当に違うものなのである。

端的な例を二つ挙げよう。まずバッハ。彼はウィーンとまったく縁のなかった人であって、生粋の「ドイツの」作曲家だ。「音楽の父」バッハが音楽の都であるはずのウィーンと縁もゆかりもなかったとあっては、オーストリアの側は少々分が悪い。逆にドイツと縁がなかった生粋のウィーンの作曲家といえばシューベルトがいる。ヨハン・シュトラウス二世もここに入れていいかもしれない。二人ともウィーンっ子であり、ドイツとはほとんど関係のないところで自分のスタイルを作った。彼らの音楽こそ混じりけないウィーン音楽の象徴である。

片方にバッハ、他方にシューベルトとヨハン・シュトラウス二世。ここにドイツの音楽とウィーンの音楽の体質の違いが端的に表れている。つまりドイツは厳めしく重厚で渋く、ウィーンは人懐っこく色っぽいのである。

こうした違いを考える上で考慮しておかねばならないこととしてさらに、ドイツの南北問題がある。正確には南vs東北というべきか。この場合の「南」とは、ミュンヘンを州都とするバイエルンである。伝統的にプロイセン中心の北ドイツとバイエルンは仲が悪い。むしろ後者は強くイタリアの影響を受け、そのバロック文化の伝統、とりわけカトリックの牙城であるという点で、文化的にはオーストリアに近い。

例えばモーツァルトの生まれ故郷ザルツブルクとミュンヘンは、距離的にもほとんど兄弟都市である。だからモーツァルトはあくまでオーストリア／南ドイツのカトリック宮廷文化圏の人であって、まかり間違っても「ドイツの」作曲家ではないのである。

翻って「ドイツ」、とりわけ東北のザクセン州は、幾多の「生粋の」ドイツの作曲家を生んできた。バッハ、ヘンデル、ウェーバー、ワーグナーらはここの出身であり、メンデルスゾーンやシューマンはザクセンの中心都市の一つライプツィヒを活動の中心とした。ウィーンの音楽と比べた時の、これらザクセン出身の作曲家の大きな特徴は、どっしりした低音の上に築かれる重厚な響き、そして対位法に象徴される厳格な書法である（もちろんウェーバーや初期シューマンはもっとロマン派的な幻想に重きを置いていたが）。

こうした北（東北）ドイツ的な音楽の伝統は、今日でも当地のオーケストラの響きに脈々と受け継がれている。地鳴りがするような怒濤（どとう）の低音、深々としたホルン、そして渋くオルガンのように厚みのある響きといったものは、ドレスデン・シュターツカペレ、ライプツィヒ・ゲヴァントハウス管弦楽団、あるいはベルリン・フィルといったオーケストラの十八番（おはこ）なのだ。ウィーン・フィルが蠱惑（こわく）的なヴァイオリンの甘い節回しを売り物の一つにしてきたのと、これは対照的である。

ベルリン・フィルを初めてライヴで聴いたとき、「まるでコントラバスがコンサートマスターをやっているみたいだな」と思ったのをよく覚えている。同じような印象を、ドレスデン・シュターツカペレを聴く時もよく抱く。言うまでもなくコンサートマスターとは指揮者助手のようなものであって、オーケストラの団員をリードしなくてはならないから、客席の前のほうで聴くと優れたコンサートマスターの音は結構はっきり聴こえてくる。だが今挙げたようなオーケストラでは、コンサートマスター以上にコントラバスがオーケストラをひっぱっているという印象を受けるのだ。

ドイツで活動している友人の音楽家から聞いた話だと、ベルリン・フィルにはいろいろ「秘伝」があって、例えばブラームスの交響曲第一番の出だしでは、冒頭のティンパニーよりも（つまり楽譜に書いてあるよりも）一瞬早くコントラバスが入るという暗黙の約束事があるのだとか。それによって、ベルリン・フィル十八番のあの地鳴りがするような響きが生まれるのだそうだ。つまりヴァイオリンではなくてコントラバスが音楽をリードする。音楽をまず土台から作っていく。音楽の発想が建築的なのである。それに対して南ドイツ（ミュンヘン）／オーストリア（ウィーン）のオーケストラは、コンサートマスター主導の音楽、つまり旋律主導の音楽をやる。だから響きは明るい。またメロディー主体だから音楽が感覚的になる。

北ドイツはバッハやヘンデルなどオルガン音楽が繁栄した地である。言うまでもなくオルガンは鍵盤楽器だが、足でも鍵盤を演奏する。これがピアノやチェンバロと決定的に違うところだ。低音部は足で鍵盤を踏むのだ。音楽という建築物の基礎を足で作りながら、上半身（手の指）でもってその上にメロディーを奏でる。私はオルガンを弾いたことはないが、これはピアノなどでは絶対に得られない体験であろう。確かに北ドイツ出身の作曲家には、常に音楽を低音（足）から考えているようなところがある。これはモーツァルトやシューベルトやヨハン・シュトラウス二世にはまったくない感覚だ。彼ら南方系の作曲家たちは、いわば口ずさんだり、鍵盤に指を走らせたり、あるいはヴァイオリンの弓を上下させたりするところから音楽を構想する。決して足＝土台から考えたりはしない。

「建築は凍った音楽である」と言われることもあるが、こうした「建築としての音楽」という理念こそ、「本物の」ドイツ音楽の響きの原イメージである。

ヨーロッパ音楽都市案内――バイエルンの音楽

若い頃に留学していたという身贔屓(みびいき)も多少あるかもしれないが、バイエルンの州都ミュンヘンはコンサートライフを満喫するという意味で、おそらくヨーロッパ中で最高の都市である。ドイツ屈指の大都会だから、ロンドンやパリやベルリンに劣らず、次から次へとスターたちが来演する。ミュンヘンはメジャー音楽家のシーズンのツアーリストに必ず組み込まれている街のはずだ。だが音楽都市としてのミュンヘンの素晴らしさはそれだけではない。単にスターの来演が多いというだけではなく、地元音楽家たちのプレゼンスも強烈なのだ。バイエルン放送交響楽団とミュンヘン・フィルという、超一流のオーケストラを二つも持っているうえ、バイエルン国立歌劇場というヨーロッパ屈指のオペラ劇場まで、ここにはある。

そもそもバイエルンには伝統的に、プロイセン・ベルリンに対する強烈な対抗意識がある。サッカーチームのバイエルン・ミュンヘンなどを見ればわかるように、何がなんでも「おらが街」がドイツ一にならないと気が済まないようなところがあるのだ。かつてミュンヘン・フィルの音楽監督として長年君臨し、それを掛け値なしにベルリン・フィルやウィーン・フィルをも凌ぐようなオーケストラに育て上げたカリスマ指揮者、セルジュ・チェリビダッケは、もともとオーケストラと衝突しベルリン・フィルを追い出された人であった。またカルロス・クライバーは同世代で最高のカリスマ指揮者にしてキャンセル魔として名高かったが、彼はミュンヘンの歌劇場にはたびたび登場する一方、ベルリンではまったく聴くことはできなかった。これらはすべて、プロイセンに対するバイエルンのライバル意識から説明できるはずである。

バイエルンの音楽には強烈なローカルカラーがある。単にレベルの高いオーケストラやオペラが揃っているというだけではない。まさにこれが、音楽都市としてのミュンヘンを私がこよなく愛する、最大の理由である。たとえて言えばそれは、バイエルン州の旗にもなっている、白と水色のイメージだろうか。この白と水色の組み合わせは、この街に本拠地を置くBMWのエンブレム、さらにはバイエルン・ミュンヘンのチームの紋章にも使われている、ミュンヘンのシンボルカラーである。

冬になると鈍い鉛色の低い雲で覆われる北ドイツと対照的に、バイエルンの空はいつも高くて青い。よく晴れた日には遠くに真っ白なアルプスの山並みも見える。そしてイタリア・バロックを基調としているミュンヘンの建築も、あくまで白が基調だ。抜けるような青い空に響き渡る、澄んだ高らかなメロディー――これはバイエルンのあらゆる種類の音楽に共通している。ビアホールでよく生演奏をやっているアルプス民謡のアコーディオンも、ミュンヘン・フィルやバイエルン放送交響楽団のサウンドも、そしてミュンヘンが生んだ最大の作曲家リヒャルト・シュトラウスの音楽も、すべてそうである。これこそが、オルガンのようにどっしりした低音を土台とする北ドイツの音楽とも、熟した果実のような甘味を特徴とするウィーンの音楽とも決定的に違う、バイエルンのそれの最大の持ち味である。バイエルンの音楽は高らかに、そして爽快に響き渡るのである。

プロイセンやザクセンに対するバイエルンの歴史的対抗心を反映しているのだろう、北ドイツの大作曲家の多くは、意外とミュンヘンに縁がない。バッハやヘンデルはここに立ち寄ったこともないはずだし、ウェーバーやシューマンやメンデルスゾーンにしても、もちろん来訪したことくらいはあるだろうが、彼らの創作においてこの街はほとんどなんの役割も果たさなかった。だが一人だけ例外がある。それはワーグナーである。

ザクセン州の中心都市ライプツィヒに生まれた彼は、生粋の北方ドイツ人である。しかしワーグナーはドレスデンで起きた革命に参加して指名手配となってしまう。チューリヒで亡命生活を送っていた彼に救いの手を差し伸ばしたのが、かの伝説のバイエルン王、ルートヴィヒ二世だった。かねてよりワーグナーの崇拝者だった彼は、即位と同時に、破格の厚遇とともにワーグナーをミュンヘンの自分の宮廷に招いた。

大芸術家の生涯にはおとぎ話のような幸運が似つかわしい。チューリヒ亡命中のワーグナーは、上演に四夜かかる楽劇《ニーベルングの指環（ゆびわ）》の作曲にとりかかっていた。作曲で収入を得たいならもう少し一般受けするオペラでも書けばいいものを、当時の常識からすればおよそ狂気の沙汰のような巨大舞台作品を、なんの上演の当てもないままに、亡命暮らしを送りながら構想していたのである。ところが生活の一切合財を丸抱えしたうえに、その上演を実現してやろうという王侯が現れた。それがルートヴィヒ二世である。《ニーベルングの指環》四部作のうち序夜《ラインの黄金》、第一夜《ワルキューレ》、そして畢生(ひっせい)の大作《トリスタンとイゾルデ》および《ニュルンベルクの名歌手(マイスタージンガー)》が初演されたミュンヘンは、彼が音楽祭を設立したバイロイトと並ぶワーグナー楽劇の聖地である。

ルートヴィヒ二世とワーグナーといえば、この夢想王がミュンヘン近郊に建てさせた城の数々を忘れることはできない。湖の上にヴェルサイユ宮殿を模して建てられたヘレンキームゼー城、大トリアノン宮殿を模したリンダーホーフ城、そして何よりノイシュヴァンシュタイン城。一九世紀後半といえば、もはや近代重工業の時代である。しかるにルートヴィヒは世間に対する強い忌避感のある人で、ワーグナーの楽劇《ローエングリン》の白鳥伝説による幻想的なモティーフの数々でノイシュヴァンシュタイン城を埋め尽くさせた。今流に言えばアニメの世界にひきこもったのである。

男色の噂もあったルートヴィヒは、ワーグナーに入れあげた挙げ句に国の財政を傾け、やがて側近によって強制的に退位させられて、シュタルンベルク湖で謎の入水(じゅすい)自殺を遂げた。静かな森の中にあるこの湖は、水鳥がいつも群がり、周囲には素敵なレストランがいくつもあって、ミュンヘンに用がある時は必ず立ち寄る私のお気に入りスポットなのだが、数年前の秋にこんなことがあった。

　行ったのはまだ一〇月末だったのだけれども、なぜか突然気温が氷点下まで下がって、湖畔に着いた途端に凍てつくような吹雪に襲われたのである。こんな悪天候はミュンヘンでは珍しい。オフシーズンだから逃げ込むようなカフェもない。全部閉まっているのだ。油断していて厚着もしておらず、誇張ではなくだんだん気が遠くなってくる。雪嵐で白くイルミネーションされた黒々とした雪雲の合間に、踊っている妖精、ワーグナーの《ニーベルングの指環》に出てくるワルキューレ——天馬に乗って戦場を駆け、戦死した勇者を天上の宮殿ワルハラへと連れていく北欧神話の天女——が飛び回っているのが見えた気がする。そして風の唸り声がいつの間にかワーグナーの音楽に変わっている。まさしく幻聴である。

　ワーグナーの神話楽劇が想定しているのは、バイエルンというよりテューリンゲンあたりの中世伝説で彩られた森なのかもしれない。だがまさにルートヴィヒが入水自殺したこのシュタルンベルク湖でなかったら、幻聴幻覚の類いがこんなにも生々しかったかどうか。音楽体験とは地の霊のようなものとの交感なのだと、この時強く思った。

ヨーロッパ音楽都市案内――一九世紀の首都パリ

パリは音楽都市というより、音楽マーケット都市である。ロンドンや東京やニューヨークと同じように、ここでは何でも聴ける。最高のブランドが全部やってくる。おそらくパリに一シーズン住んだとしたら、メジャー音楽家の三分の一くらいが来演するのではなかろうか。こうした街を「音楽都市」と呼ぶのは躊躇されるし、そもそもブランド漁りみたいな聴き方はミシュランの星つきレストランを訪ねて回るグルメツアーのようでもあり、私はあまり好きではない。だがそれでもなお、ヨーロッパの音楽の歴史はこの街を抜きにしては語れない。少し誇張して言えば、西洋音楽史からロンドンやベルリンやニューヨークを抜くことはできても、パリを外すことはできないのだ。パリを「一九世紀の首都」と呼んだのは哲学者のベンヤミンだが、音楽史においてもこの言葉はそつくり当てはまるだろう。

パリはある意味で一七世紀のルイ一四世の時代にすでに、一種の音楽マーケット都市だった。かの太陽王のお抱え音楽家であり、フランス宮廷の象徴のような存在だったリュリからして、実はイタリア人だったのである。つまりパリというのはこの時代から、他都市ないし他国に傑出した逸材が現れると、それをいわば札束にものを言わせてリクルートしてくる街だったわけだ。このあたりの事情は、今で言えばサッカーのリーガ・エスパニョーラ、あるいはプレミア・リーグのようなものと、極めてよく似ていた。逆に言えば音楽家にとっては、ウィーンでもミラノでもベルリンでもロンドンでもなく、パリにリクルートされることこそが最高の名誉、そして最高の報酬を意味していた。例えばかのワーグナーは何度も何度もここで名を挙げようと試みたがうまくいかず、それを逆恨みして後年この街を悪しざまにけなすようになった。

パリがリクルートした「外国人の」音楽家を挙げてみよう。まず一八世紀後半に活躍したグルックはもともとウィーンで活動していた人。ショパンはポーランド、リストは今のハンガリー、ロッシーニとベッリーニはイタリアで名声を挙げてからここにヘッドハンティングされた。また今でこそ半ば忘れられた存在だが、一九世紀最大の人気作曲家だったと言って過言ではないオペラ作曲家のマイヤベーア、そして《天国と地獄》のフレンチ・カンカンでも名高い超人気オペレッタ作曲家のオッフェンバックは、ともにプロイセン出身のユダヤ人である。さらに言えば、第一次世界大戦前にパリで《火の鳥》《ペトルーシュカ》《春の祭典》という、いわゆる三大バレエによって大センセーションを巻き起こしたストラヴィンスキーはロシア人であった。よくも悪くも国際的なこのメンツは、同じくパリにおける画壇とかファッションの世界を連想させずにはおかない。

言うまでもなくパリには無数のホールや劇場がある。私はそれらすべてを熟知しているわけではまったくないが、歴史的に見てその絶対的な中心はオペラ座、いわゆるガルニエ劇場（パレ・ガルニエ〔ガルニエ宮〕）で決まりだろう。いや、パリにとどまらず、それは一九世紀ヨーロッパの音楽史の中心だとすら言えるかもしれない。

ヴェネツィアやハンブルクなど少数の例外を除いて、一八世紀までのオペラ劇場は原則として王侯貴族のプライヴェートな所有物であった。だからこそ多くの劇場は宮廷に隣接して建てられている。要するに市井の民がオペラを観るために、切符を買って入れるようなところは、どこにもなかったわけだ。パリのオペラ劇場もまた、ヴェルサイユ宮殿などと並んで、もともとブルボン王朝の権勢誇示のための建築物であった。そしてフランス革命以後の一九世紀になっても、この権力と富のシンボルという性格は、この劇場に強く残り続けた。もちろんフランスにおいては、王政復古の時期もあったにせよ、一九世紀は基本的に市民の時代である。しからばパリのオペラ座は、いったい誰の権力と富の象徴だったのか？

一九世紀パリの王とは、端的に言って成金だ。民主主義と資本主義の一九世紀においては、成金こそが「王」となったのである。今流に「富裕層」と呼んだほうが、こういう連中の体質をよく理解できるかもしれない。彼らは革命のどさくさに紛れて濡れ手に粟のように巨万の財を成し、本物の貴族たちが片っ端からギロチンの露と消えた後に金で爵位を買い、貴族の娘を妻にもらい、まるで宮殿のような豪邸を建て、そして愛人を連れてオペラ座に群がった。当時のパリのオペラ劇場というのは、そういう場所だったのである。

一九世紀前半のパリのオペラ劇場は、今のガルニエ劇場より少し北東に行った場所にあったのだが、都市改造計画の一環として一八七五年に落成式が行われた今のオペラ座にも、一九世紀成金的な性格は賑々しいまでにはっきりと刻印されている。何から何まで巨大で、至るところに金ぴかの装飾が施してあるこの建物は、「ガルニエ宮」と呼ばれるように、まさに御殿である。ただし王様などもはやいなくなった時代に建てられた、成金たちのための御殿。「まるで高級ラヴホテルだな……」――実はこれは、ここを初めて訪れた時の私の、偽りなき感想である。誇張しているのではない。この趣味の悪さは、まさに「高級な」ラヴホテルと紙一重なのだ。以来私はパリに初めて行くという学生などを相手に、必ず自分のこの感想を吹聴する。そして彼らが戻ってくると尋ねる。「な、ラヴホだっただろ?」――こう言って否定されたことは一度もない……。

一体ガルニエ劇場の何が私にこのような印象を与えたのか、今になって考えるなら、それは金ぴか趣味もさりながら、何より劇場内の至るところに見られる総鏡張りの内装のせいであったという気がする。ボックス席もロビーもフォワイエも、とにかく鏡で埋め尽くされているのだ。ではなぜ鏡なのかといえば、想像するにそれはおそらく、やってくる客のナルシシズムを満足させる目的だったのではないだろうか。何度も言うが、民主主義の時代のこの宮殿に群がったのは成金たちであって、断じて本物の貴族ではなかったのだ。本物のセレブと違って彼らは、「あ！　あそこに＊＊＊公爵さまがいらっしゃるわ！」とか「あれは＊＊＊伯爵夫人よ！　お連れの若い男性はどなたかしら？」などと指差したりしてはもらえなかっただろう。居並ぶ客たちの視線をさも当然のように一身に浴びることなどできない。であるならば、着飾った自分の姿を鏡に映し、その前でセレブを自作自演してみる。自分で自分の観客になるのだ。究極のコスプレ空間である。

今日このガルニエ劇場ではあまりオペラは上演していない。主としてバレエ、時としてバロック・オペラなどをやるだけである。オペラ公演は一九八九年に新設されたバスティーユ劇場（オペラ・バスティーユ）に引っ越してしまったのである。残念ながら私はいまだにこの新劇場を訪れたことがないのだが、しかしそこに込められた理念が何であるか、それは建物の写真を見ただけでわかる。フランス革命の発火点となった牢獄に近い場所にわざわざ建てられた、無味乾燥なまでに機能的なモダンデザイン。つまりこれはオペラというものに拭いがたくへばりついている一九世紀的な金ぴか趣味を決定的に払拭し、現代の公共文化施設へと脱皮させる試みなのである。

故郷の歌

いわゆる「堅い」音楽としてのクラシックの中核を成すのが交響曲や弦楽四重奏やフーガである一方、もう少し気軽な聴き方を許容するセミ・クラシックともいうべきジャンルがある。ポピュラー・コンサートの類いで演奏されるのはたいていこれで、ヨハン・シュトラウスのワルツなどはその代表だろう。またオペラ、とりわけイタリア・オペラ（そしてその序曲）も、交響曲などとは比べ物にならない大衆的な性格を持っている。

こうしたセミ・クラシックに準ずるようなジャンルとして、いわゆるイタリア民謡の類がある。《オー・ソレ・ミオ》とか《帰れソレントへ》とか《サンタ・ルチア》といったものだ。イタリア・オペラのスター・テノールがリサイタルなどをやると、プログラム中ではオペラ・アリアなどを生真面目に歌った後、アンコールとして延々こうした肩の凝らない歌をサービスしてくれることがよくある。またイタリア民謡によく似たジャンルとして、いわゆるウィーン小唄（民謡）を思い出す人もいるだろう。《私のママはウィーン生まれ》、《ウィーンはいつもウィーン》（かつてプロ野球の中継でよく使われたマーチだ）、《ウィーンの辻馬車屋の歌》などだ。とりわけ戦前生まれの人たちの間では、往年の名画『会議は踊る』（一種のミュージカル映画だ）などとともに、これらのウィーン小唄はかなりよく知られていたはずである。

しかるに「民謡」とは、厳密に言えば、作者不詳の民衆の歌のことである。いつ誰が作ったかも定かでないまま、人々の間で歌い継がれてきた歌。《江差追分（えさしおいわけ）》の作詞者や作曲者は、誰も知らない。これが本来の民謡だ。しかしながら、先ほど挙げたようなイタリア民謡やウィーン民謡には、すべて作曲者／作詞者がいる。その意味ではこれらは、「民謡」の範疇（はんちゅう）に入るものではない。しかも成立時期は意外なほどに新しく、ほぼ例外なしに世紀転換期（一九世紀終わりから二〇世紀初頭）にかけてである。これはとても面白いことだ。

有名どころの成立年を挙げてみよう。《サンタ・ルチア》は最も古い歌の一つで一八四九年。《オー・ソレ・ミオ》は一八九八年で、作曲者のディ・カプアはかなり名の知れた人物。また《帰れソレントへ》は一九〇二年で、その作曲者クルティスは当時のヒット・メーカーだった。ウィーンについて言えば《ウィーンの辻馬車屋の歌》が一八八五年、《ウィーンはいつもウィーン》の成立年は残念ながらわからないが、その作曲者ヨハン・シュランメルはヨハン・シュトラウス兄弟と並ぶ当時の大人気音楽家で、一八五〇年に生まれ一八九三年に亡くなっているから、やはり一九世紀後半の歌であることは間違いない。また《ウィーン、わが夢の街》は一九一四年のヒット曲である。

面白いことにこれらの「民謡」は例外なく第一次世界大戦より前の時代、いわゆるベル・エポックの産物なのだ。こうした故郷の歌が作られた世紀転換期、ヨーロッパ帝国主義はその栄光の絶頂にあり、ほぼすべての国が後期資本主義段階に入って重工業が飛躍的に発展し、それに伴って地方から大都市へと大量の人々が仕事を求めて流入していた。アメリカでも移民が最も多かった時代であった（アメリカは第一次大戦後、移民を制限し始めた）。それは大量人口移動の時代であり、移民の時代であった。

もちろん、ウィーンについて言えば、東欧から主としてユダヤ系移民が「流れ込んでくる側」であり、それに対してナポリなど南イタリアは、主にアメリカへと移民が「流れ出していく側」だったという違いはある。だからウィーン小唄は「やってきた街を愛でる歌」であり、対するにナポリ民謡は「去った故郷を懐かしむ歌」になるわけだ。だがいずれにしても両者が、同じ社会的背景から出てきた音楽であることは間違いあるまい。そもそもこうした「故郷の歌」は、南イタリアやウィーンだけでなく、ヨーロッパ各国、さらには南北アメリカでもまた、この時代に大量に作られていたに違いないのだ。「ノスタルジーの歌」は近代化が生み出すものなのである。ひるがえって日本のことを考えると、イタリア民謡の類いというのは、その成り立ちの点で、演歌と極めてよく似ていることがわかるだろう。集団就職で降り立った上野駅、りんごの花が咲き乱れる故郷、残してきたおっかさん。「帰ろうか、帰ろうか、帰ろうかな」――こうした故郷の歌の黄金時代が、日本でも高度経済成長期と完全にかぶっていたことは、言うまでもない。

世紀転換期のヨーロッパで大量生産された故郷の歌は、現在のポピュラー音楽の遠い祖先である。奇しくもこれらの歌の誕生とほぼ同じ時代にレコードが発明され、急速に普及するようになった。交響曲のように巨大オーケストラを用い、演奏に長時間を要するような従来のクラシック（それは録音が最も難しいジャンルであった）と違って、これらの故郷の歌はＳＰに簡単に吹き込むことができた。レコード、そしてのちにはラジオを通して、それらは大衆の間に急速に広まっていった。イタリア民謡の類いがポピュラー音楽の祖先であるというのは、このような意味においてである。

イタリア民謡やウィーン小唄が作られた時代とは、オペラでいえばプッチーニやマスカーニ、あるいはレハールといった人々が活躍した時期と完全にかぶる。だからスタイル的にそれらが、《トスカ》とか《メリー・ウィドウ》などとよく似ているのは、何の不思議もない。ポピュラーとクラシックの間に、後年のようなスタイルの乖離はまだほとんどなく、いわば大衆向けの簡易アリアのようなものとして、これらの民謡は作られた。アメリカの主として一九二〇年代のミュージカルにしても事情は同じだろう。ガーシュウィンやアーヴィング・バーリン（《ホワイト・クリスマス》の作詞・作曲家）らのそれである。逆に言えば、プッチーニやマスカーニやレハールの音楽の中には、かなりイージーリスニング的な要素が入ってきており、だからこそそれらは簡単に映画のＢＧＭなどに転用できるとも言えるだろう。

先日ローマへ行った際に、偶然「イタリア移民博物館」なるものを訪れる機会があった。ここはまるで『ゴッドファーザー』の世界である。無数のセピア色の写真に、旧世界および新世界のイタリア庶民の「ワンス・アポン・ア・タイム」が切り取られている。ぼろを着た極貧の人々、老いた母、子供をたくさんかかえた父、移民船、ナポリやパレルモの港、そして自由の女神。ニューヨークやシカゴのリトル・イタリーの街並みや家族総出の楽しそうな結婚式。そして館内にはずっとエンリコ・カルーソー（一八七三〜一九二一）が歌うナポリ民謡が流れ続けている。《帰れソレントへ》とか《オー・ソレ・ミオ》とか《サンタ・ルチア》とか、そういうものだ。カルーソーはナポリ生まれの伝説のオペラ歌手で、蓄音機が商業化された一九〇〇年代に世界で最もレコードがよく売れた大スターであった。録音状態は極めて悪いが、それがますます「ワンス・アポン・ア・タイム」情緒をかきたてる。

きっと貧しいイタリア南部からアメリカに渡った人たちは、ニューヨークやシカゴのリトル・イタリーで、狭いアパートの一室に家族で肩を寄せ合って暮らしながら、食卓を囲んで一家でパスタをほおばりつつ、まるで宝物でも聴くようにして、家族全員でカルーソーの歌うイタリア民謡に耳を傾けたに違いない。

クラシック音楽の現代性を考えてみる

言うまでもなくクラシック音楽とは、地球の裏側の、百年以上前の音楽がほとんどである。そういう音楽を二一世紀の極東において聴くことに、いったいどういう意味があるのか、それともないのか……？

これまで何度も書いたが、クラシック音楽のレパートリーの大半は、一九世紀におけるヨーロッパ帝国主義の時代に作られた。そして第一次世界大戦とともに国際的な政治へゲモニーがヨーロッパ列強からアメリカへ移動するのとほぼ同時に、その勢力は急激に衰え始めた。大戦が終わった一九二〇年代はしばしば「ジャズ・エイジ」と呼ばれるが、端的に言って二〇世紀はアメリカのポピュラー音楽の時代であった。もちろん二〇世紀に入ってからも、ヨーロッパ・クラシックの系譜に連なる、いわゆる「現代音楽」

の領域では、いろいろと瞠目(どうもく)すべき試みが行われてはきた。それでもそれらは、狭い専門家のサークルを超えて大きなうねりとなり、世界を覆い尽くすようなことは一度もなかった。こういう二〇世紀を経て二一世紀に入り、ヨーロッパ・クラシックは単なる博物館の展示品を超えた、どういうアクチュアリティーを持ちうるのか。

身も蓋もない言い方をするなら、今日におけるクラシックのアクチュアリティーとは、まずもって「ブランド品」としてのそれだと言えるかもしれない。ベルリン・フィルやウィーン・フィル、ウィーンやミラノのオペラ座、バイロイトやザルツブルクの音楽祭のチケットは、ありがたいことに、そして奇跡的と言ってもいいと思うが、今日なおフェラーリやブルガリやシャネルと同じハイ・ソサエティーのシンボルとしてのブランド価値を持っているのである。一説によると現代におけるクラシックCDの売り上げは全体の二パーセントに過ぎず、またニューヨークで定期的にクラシックのコンサートを楽しむ人はわずか二万人(野球場を満員にすることすらできない!)なのだという。とはいえ、このようにマイノリティーであることが、逆に希少価値を高めもするという幸運なポジションに、クラシック音楽はいるのだろう。

私たちもまだそこに生きているところの近代社会は、悲しいかな「ワンランク上のハイソな生活」の自分たち自身のスタイルを創出することができなかった。アメリカの裕福な年金生活者も、アラブの石油王も、中国の成金も、日本の富裕層も、「自分固有のブランド生活」を生み出し得なかったのだ。彼らが抱く高級レストランや高級オートクチュールや高級車（それが一九世紀までの高級馬車の後継者であることは言うまでもない）のイメージの原型とは、すべて一九世紀までのヨーロッパの王侯貴族および上流ブルジョワの生活スタイルを踏襲しているのである。そしてクラシック音楽もまた、とりあえずはこのような意味で、高級ブランドとしての価値を保持しているわけである。

しかしながら言うまでもなく、このようなブランド価値は私の考えるアクチュアリティーとはかなり意味が違う。少しオーヴァーに過ぎるかもしれないが、私にとっての「アクチュアルな音楽」とは、「今の社会に対して何らかの理念を示し、人々に今なおそれが切実なものであると感じさせるような音楽」であり、「私たちが漫然と過ごしている今のありように対して、何かしら批判の刃（やいば）を突きつけてくる力を持つ音楽」のことである。そしてクラシック音楽に今なお何らかの現代性があるとすれば、逆説的な言い方になるが、それはその非現代性ではないかと、私は思っている。非現代性とはすなわちアナログ性であり、そしてライヴ性である。

何百何千の人々が音楽を聴くためだけに同じ場所に集う――別にそんなことはクラシックでなくとも、音楽であれば当たり前じゃないかと考える人もいるかもしれない。しかしそれは今日、もはや当たり前ではない。私たちが耳にする音楽のほとんどは録音された音楽、ＣＤやＤＶＤやネットなどの電気メディアを通して聴こえてくる音楽、つまりいつでもどこでも聴ける音楽、わざわざ会場に行かずとも好きな場所で聴ける音楽、好きな時に聴き始め好きな時に中断できる音楽なのだ。

しかるにクラシック音楽は、こういったメディア的な聴き方になかなかなじまない。そもそも、あの巨大編成によるサウンドは、いまだに録音によって完全に再生することはできない。ライヴで聴かないことには、あの圧倒的なサウンドと微妙な色彩感は、完全な形では伝わらない。ここからクラシック独特の「今ここで」／「あの時あそこで」性が生まれてくる。それは一回的な共同体体験なのである。その意味でクラシックは宗教儀礼に近いところがあり、それが体現するのは「聖なる時空」だと言っても過言ではないかもしれない。

もちろんクラシック音楽の大半は、狭義の宗教音楽ではない。ミサ曲などがクラシックの重要な一部であるのは確かだが、交響曲やピアノ・ソナタやオペラはあくまで世俗音楽である。つまり「集う」といっても、宗教音楽のように教会に集うのではなく、コンサートホールという世俗の空間に集うのだ（今でこそミサ曲をホールで上演することも頻繁にあるが、そもそもそれは教会の儀式で使うのが本来のやり方である）。これはとても重要な点だ。教会に集まる人々（そしてそこでミサ曲を聴くかもしれない人々）の絆とは宗教であって、音楽ではない。彼らは音楽が聴きたくて教会に来るのではなく、神に祈りにやってくるのである。それに対してベートーヴェンの《第九》が聴きたくてホールに来る人々は、音楽を聴きたくてやってくる。つまり彼らの絆は音楽なのだ！

音楽という絆で結ばれるこうした「聴衆」が生まれたのは、およそベートーヴェンの時代以後と考えていいだろう。それまでの音楽は、例えばモーツァルトのセレナーデなどがそうだが、王侯貴族のＢＧＭであったり、あるいはミサ曲のように宗教儀礼に付随するものであったり、またオペラの場合だと貴族のための社交場の音楽であったりしたわけだ。だからこそ、身分階級にとらわれず、音楽への愛の絆で結ばれた聴衆の誕生は、まさに革命的なものだったのである。聴衆の誕生がフランス革命とほぼ軌を一にしているのは偶然ではない。それは政治集会の参加者とか議会の傍聴人とか新聞の読者と同じく、「公衆＝パブリック」であった。

ベートーヴェンの時代の前後に誕生した近代市民社会というものが、今日加速度的に解体していることについては、言うまでもないだろう。人々の社会帰属意識はどんどん薄れ、連帯などという言葉は死語と化し、他人のことなど眼中になく人々はスマホに頭を突っ込んで、イヤホンで好き勝手な音楽を聴く。クラシックはこういうお手軽な聴き方に、最もそぐわないジャンルである。それは不便である。わざわざ会場に足を運ばないと聴けない。二時間近く途中退席もままならず、最後まで聴かないといけない。皆と一緒に聴かないといけない。実に面倒である。しかしこんな時代だからこそ、時代遅れなクラシックという持ち運び不便な音楽は、逆にアクチュアリティーを持つ。「皆で一緒に聴く公衆」というものの尊さを、もう一度思い出させてくれるのだと、私は考えている。

私見――音楽史で最も偉大な作曲家

誰も口に出しはしないが、すべてのクラシック名曲が等しく名曲であるというわけでは、必ずしもない。大作曲家たちの間にも当然ながら、ある種のヒエラルキーは存在する。ブラームスはベートーヴェンに及ばないし、メンデルスゾーンはモーツァルトの域には達せず、ブルックナーはバッハの敵ではない。こう言ったところで、必ずしも暴言とは言えないだろうし、多くの音楽家は黙って（ただし口には出さず）うなずくであろう。さらに言うならば、モーツァルトやベートーヴェンのようにひときわ高く聳（そび）える大作曲家の創作にあっても、そのすべての作品が同じように名曲であるわけではない。彼らにも出来不出来というものはある。もちろん「格」は「愛（め）でる」ということと必ずしも一致はしない。そもそもあまりにも偉大なものは、それに畏敬の念を抱きこそすれ、好きになる対象にはなりにくかろう。これは人間関係と同じだ。だがこれとは別問題として、確かに大作曲家／名曲の間にも、格の違いはあるのだ。

私が思うに、音楽史の中で突出して格違いの存在は、バッハとモーツァルトとベートーヴェンである。おそらく多くの人々がこれには同意してくれるはずだ。ただし彼らが「別格」であるその根拠は、互いにかなり異なっていて、これが面白い。まずバッハ。よく音楽を感情表現だと誤解している人がいるが、「気持ち」だけでは絶対に曲など作れない。感情よりも前に、まず音の建築術ともいうべきものをマスターしていないことには、作曲家にはなれない。それはすなわち、きちんと調和するように音を組み合わせていく設計の技術の類いである。自分の気持ちだけで「ここを大きくして、ここを尖らせて」などという調子で家を建てても、あっという間に瓦解してしまうのと、これは同じである。

バッハの作品はいわば、音楽という建物の作り方の百科全書である。そこにはありとあらゆる「手」が記されている。後世のほぼすべてのクラシック系作曲家、そしてMJQ（モダン・ジャズ・カルテット）やキース・ジャレットのようなジャズ・ミュージシャンまでバッハに深く傾倒し、しばしば彼の音楽を参照点としてきた理由は、おそらくこのあたりにあるはずだ。この意味でバッハ作品は、例えばフランス料理の聖典とされるレシピ本のようなところがあって、音楽家にとっては何かに行き詰まった時に彼の楽譜を開くと、「あ、こういう時はこういうコード進行があったか」とか「なるほど、旋律がこう進む時は、こちらのことはあまり気にせずともよかったか」などと、必ずやなんらかの示唆が得られる、そういう存在なのだと私は考えている。作曲家の主観だの表現だのといったことと無関係なところで成立しているバッハの音楽は、その法則性や客観性の点で科学と近いという言い方をしてもいいだろう。その意味でバッハは人間的な世界を超越した存在であり、人類が死滅した後の地球にあってもなお響き続けるだろう音楽を書いた人とすら言えると思う。

次にモーツァルト。一体彼のどこがそんなにも偉大なのかを理解するのは、意外に難しい。端的に言ってその理由は、モーツァルトが、まさに偉大ということと真逆な方向の表現を目指し、そういう偉大ならざる領域においてこそ、音楽史に比類のない美を達成したという点にある。そもそも人が「偉大」という言葉を口にする時、どのようなものを連想するか。偉大なるカリスマ性、つまり指導力や行動力。深い苦悩と高き理念（神への希求といったものも、ここには含まれよう）。これらは文句なしに「偉大」のレッテルにふさわしい。だがこれらの「真面目な」主題に対して、例えばベートーヴェンと違って、モーツァルトはほとんど関心を示さなかった。

モーツァルトの筆が俄然冴えわたり始めるのは、一体どういう表現においてか。それはオペラを見るとよくわかる。《フィガロの結婚》や《ドン・ジョヴァンニ》や《コジ・ファン・トゥッテ》や《魔笛》――これらはすべて喜劇オペラだ。端的に言ってモーツァルトはお笑いの人である。これらのオペラの登場人物に聖人君子はほとんどといってもいいほどいない。みんな「エッチなこと」が大好きで、バカばかりしている。カノジョが欲しいとため息をつき、浮気するふりをして初心な彼氏をからかい、別人に化けて狙いを定めた女性を口説き――モーツァルトのオペラの主人公たちは、こんなことばかりしているのだ。そんな下世話な場面に、まるで神様が降りてきたような美しい音楽を書いたという逆説にこそ、モーツァルトの偉大さはある。そして――誰もおおっぴらに口には出さないが――いわゆる「下ネタ」こそ、人間が人間である限り不変の関心事であるとするならば、モーツァルトこそ人間が人間である限り誰でもそこに何かを見出だす、そんな音楽を書いた人であった。

対するにベートーヴェンの音楽は極めて道徳的であって、その意味で彼の偉大さはたいへんにわかりやすい。いわゆる後期の彼は少し違うけれども、交響曲《エロイカ（英雄）》や《運命》、あるいはピアノ・ソナタ《熱情》などに代表される中期の作品は、まさに近代社会が抱く「偉大な人格の形成」のイメージの中核を音楽で体現してみせた。苦悩を通して絶望の淵から希望を見出だすのである。「勝利を目指して突き進め！」――中期ベートーヴェンの音楽は、近代市民社会の勝利の歌である。ドラクロワの『民衆を率いる自由の女神』で描かれたような世界を音にするとベートーヴェンになる。もっと極端な言い方をするなら、それは高度経済成長期の頑張りソングの原型だ。「頑張れ！　そうすれば輝かしい未来が待っている！」というわけである。

ベートーヴェンが登場したのはフランス革命後の時代だった。そして彼の音楽は近代市民社会の形成と分かちがたく結びついていた。身分階級にとらわれず、音楽を愛するすべての人がそこに集い、そして音楽の中で開示される社会理念に共感する場――こういうものをベートーヴェンは追求した。その意味でベートーヴェンの音楽とは、単なる音楽ではなく、一つのユートピアが啓示される場であった。例えばベートーヴェンの《運命》や《第九》はまさに、近代社会がまだ青春ただ中にあった一九世紀初めに書かれた。それは晴れがましく輝ける未来の夢を語る音楽であった。しかるに二百年後の現代の私たちが立っているのは、この夢の廃墟である。それでもなお私たちは、「頑張れば報われるはずだ」という希望を完全には捨てきれない。だからこそベートーヴェン作品はいまだに、強烈に私たちに訴えかけてくる力を持つ。例えば《運命》のシンフォニーを聴くと、「ニヒリズムに陥ってはいけない、人間の力で世界はよき方向へと変えられるはずだ」という気が、本当にしてくる……。

人間世界を超越しているバッハの音楽、そして人間が人間である限り不滅であるだろうモーツァルトの音楽に対して、ベートーヴェンの音楽は徹頭徹尾、近代市民社会の音楽である。ということはつまり、私たちが啓蒙の夢を捨てない限りにおいて、それは不滅の音楽だということになるだろう。

一九七〇～九〇年――クラシック演奏の転換点？

一九七〇年から九〇年は、いろいろな意味でクラシック音楽の演奏のありように大きな変化が生じた時代である。一九世紀がクラシック・レパートリーの中核であることはこれまで何度も書いたが、思い切り単純化して言えば、一九七〇～九〇年というのは一九世紀的なものがほぼ完全に終息した時代だったのかもしれない。一九世紀は一九九〇年に終わったなどと言うと、終わったのは二〇世紀の間違いじゃないかと思われる向きもあろう。しかし私が思うに、一つの時代の残照というものは、そんなにすぐになくなってしまうわけではない。一九世紀的な文化の中ではぐくまれた人たちは、一九〇〇年を越えてまだまだ生きていた。彼らがこの世にいる限り、彼らの育った時代は完全に終わったわけではなかったのだ。「一九世紀は一九九〇年に終わる」とは、とりあえずこのような意味においてである。
歴史学の世界ではしばしば「長い一九世紀」と言われる。これはイギリスの歴史家ホブズボームが強く主張したことで、彼によればヨーロッパ近代市民／帝国主義の時代としての一九世紀は、フランス革命前後に始まり、第一次世界大戦と軌を一にして幕を下ろした。つまり一九世紀は、一八世紀と二〇世紀の両方にはみ出しているということだ。こう考えるなら、例えば一九一〇年に生まれた人すら一九世紀人だったと言えなくもないかもしれない。彼らが物心ついたとき、まだそれは大戦が始まる前であり、一九世紀的なヨーロッパは確かに存在していたはずなのだから。ちなみに一九〇三年はホロヴィッツ、アラウ、ゼルキンという、二〇世紀を代表する三人の大ピアニストが生まれた年であったが、彼らの演奏の中に一九世紀的なものが濃厚に照り返していることは言うまでもない。

端的に言って一九七〇～九〇年とは、クラシック音楽が生まれた一九世紀を肌で知る人がほぼいなくなった時代である。単純計算で、一八九〇年に生まれた人が八〇歳になるのが一九七〇年、そして一九一〇年に生まれた人が同じく八〇歳になるのが一九九〇年ということだ。以前に一度触れたが、一九九〇年前後というのはカリスマ巨匠が次々に逝った時代だった。カラヤンとホロヴィッツは一九八九年、バーンスタインは一九九〇年、アラウとゼルキンは一九九一年に世を去っている（なおチェリビダッケは一九九六年、リヒテルは一九九七年没である）。これらの人々の中で最も若いバーンスタインが一九一八年、つまり第一次世界大戦の終わった年の生まれだから、この時代を境として、一九世紀を身近に感じながら育った世代は、クラシック界からほぼ消えたと言っても過言ではないだろう。

一九九〇年前後が巨匠の死の時代として強く印象に残る理由の一つは、彼らを引き継ぐような巨匠がとんと現れなくなってしまったからだなどと言っては言い過ぎか。もちろん優れた音楽家は今でも多くいる。しかし「いい音楽家」ということとカリスマとは別の話だ。いい音楽家だがカリスマ性のない人も多い。そしていい音楽家がカリスマになれないということの中に、私は現代の音楽界のある徴候を見てみたい。巨匠には抗い難い魔力とかこの世ならざるものといった神秘のオーラ、強烈な父権性、絶対の威厳といったものが不可欠である。対するに一九三〇年代生まれあたりの世代以後、以前にも少し書いたが、多くの音楽家が「ヤングスター」のイメージで売り出すようになった。

指揮者でいえばアバド、マゼール、小澤征爾らの世代である。彼らはもう一九九〇年には六〇歳近かったわけだが、厳父型巨匠になろうとはしなかった。爽やかアイドル系はカリスマにはなりにくいのだ。

面白いことにカリスマの消滅はクラシック界だけの話ではないように思う。例えばジャズ界の帝王と呼ばれたマイルス・デイヴィスもまた一九九一年に亡くなっている。彼の後、モダン・ジャズを牽引するようなカリスマがいなくなってしまったことは、周知の事実である。また日本で言えば美空ひばりが世を去ったのが一九八九年。果たして山口百恵が早く引退してしまった後、日本に国民的歌手と言える存在はいるか？　またポップスの世界ではマイケル・ジャクソンの奇行が目立ち始めるのが一九九〇年代に入ってからという印象があるが、彼を継ぐ世界的スターが以後まったく見当たらなくなったと言っても、過言ではないだろう。

思うにこの一九九〇年前後というのは、一九七〇年あたりから始まった巨大な文化史的転換が完遂された時代である。カリスマ（アイコン）のポジションがアイドルに乗っ取られた二〇年とすら言えるかもしれない。それがクラシック界では、一九世紀を知る世代のほぼ完全な消滅と、時代的にかぶっているということだ。一九七〇年前後というのは、いわゆる生活文化に大きなパラダイム・チェンジが生じた時代である。ベトナム戦争末期、世界の多くの若者は家父長的なイデオロギーに激しく反発し、長髪にパンタロン／ミニスカートのいでたちでゴーゴーを踊りながら既成権威を破壊し、セックスの解放や男女同権を叫び、伝統的なイエに代わる自由な家族像（トモダチ親子）を夢見、物質文明とは違った新しいスピリチュアル世界との出会いを求めて世界を放浪し、環境問題に目覚めた。伝統的＝父権的なものの徹底的な破壊が始まったのである。

一九七〇〜九〇年はまた、録音再生メディアの刷新が次々に行われた時代でもある。ホームヴィデオ（ソニーのベータマックス）が発売されたのが一九七五年頃から、CDの生産開始は一九八二年からであるし、同時期にはソニーのウォークマンも発売されている。音楽のポータブル化が急速に進むのである。お手軽にいつでもどこでも聴けるようになってしまえば巨匠の出る幕はない。そういえばバグルスの軽妙な風刺ソング『ラジオ・スターの悲劇』がヒットするのは一九七九年。原題はいみじくも「ビデオがラジオ・スターを殺した（Video killed the radio star）」である。代わりに「ビデオがステージ・スターを殺した」としても、「ウォークマンがレコード・スターを殺した」としても、さらには「アイドルが巨匠を殺した」と言い換えても、ほとんど意味は変わらないはずである。

言うまでもないが、人は巨匠「として」生まれるのではない。巨匠は「なるもの」である。巨匠に成り上がるのである。巨匠ではなく「父権」という言葉を代入してもいい。この意味で私が面白いと思うのは、天才のピーターパン化という現象である。指揮者のカルロス・クライバー、そして右にも触れたマイケル・ジャクソンは、それぞれクラシック界とポップス界の一九七〇～九〇年を象徴する極めつけの天才だったが、二人とも父権的カリスマに「なる」ということができなかった。クライバーは同じく偉大な指揮者だった父エーリヒ・クライバー（極めて父権的な人物だったようである）に対するコンプレックスを克服することができず、自信喪失とノイローゼによるキャンセルを繰り返し、ついぞ音楽監督や首席指揮者といった責任あるポジションに就くことがなかった。マイケル・ジャクソンについては言うまでもないだろう。彼はジョン・レノンのような父性のおよそ対極にある人物であった。天衣無縫の若さというオーラを永遠に放ち続けることを運命づけられていた点に、二人の悲劇はあった。一九七〇年前後から本格的に始まったところの、老いることを許さないヤングカルチャーという車輪に、彼らは押しつぶされたのかもしれない。

冒頭でも触れたホブズボームは二〇世紀を三つの時代に分けて考えている。まず第一次大戦から第二次大戦に至る破局の時代。次に二〇世紀のある意味では文化的黄金時代とも言える冷戦期。そしてオイル・ショック／ドル・ショック／ベトナム戦争の泥沼からベルリンの壁崩壊に至る、先の見えない不透明な時代。この一九七〇～九〇年は思想史ではポストモダンと呼ばれるわけだが、音楽演奏の領域にあってもそれは、父権カリスマ的な巨匠に代わって、ビートルズ世代とも言うべきヤングスター的な若い世代が台頭し、またCDやウォークマンなどによって録音再生が劇的にコンパクト化されるなど、ほとんどパラダイム・チェンジとも言える変化が生じた時期であった。

この新時代の到来を告げるクラシック演奏の録音をただ一つ選ぶとすれば、私は躊躇なくポリーニが弾いたショパンの『エチュード集』を挙げる。一九七二年のこの録音は、すでに四〇年以上を経た今日なお、ピアノ・サウンドの一つの決定的な規範であり続けていると言って過言でないが、同時代の人々にとってポリーニの一体何がそんなに衝撃的であったかといえば、それはまるで原子力で動くサイボーグが弾いているような凄（すさ）まじいトルクと驚異的な滑らかさの両立、そしてすべての十六分音符に至るまで煌々と白色光で照らし出すクリーンな輝き、といったものだったと思う。それまでもマシーンのようなテクニックを誇るピアニストはいたが、しかし彼らのマシーンはいわばアナログであり、ＳＬのように煙を吐き、騒々しいノイズを発生させ、ギクシャクと重たい鉄製のそれであった。だがポリーニにあっては、あらゆる生々しいノイズは電気フィルターをかけたように除去され、同時期のスタンリー・キューブリックのＳＦ映画『２００１年宇宙の旅』（一九六八年）で描かれる宇宙船の船内のように静かで清潔であり、その動きはまるでナノ物質でできた未来のロボットのように優美ですらあった。こんな電気合成したような未来的なショパンを、彼は生身で弾いたのだった。

一九七〇年代はシンセサイザーが急速に普及し始める時代でもある。冨田勲の『月の光』が世界的にヒットしたのが一九七四年。また長らくアナログであることに芸術音楽としての自らのアイデンティティーを見出してきたジャズにあっても、一九七〇年のマイルス・デイヴィスの録音『ビッチェズ・ブリュー』によって大々的に電気楽器が持ち込まれ、以後のフュージョンへと展開していく。ウェザー・リポートとかリターン・トウ・フォーエヴァーとか、そういうものである。ちなみにウェザー・リポートの初期のアルバムに『I sing the body electric』という意味深長なタイトルのものがあるが、いみじくもこれはポリーニのショパンと同じ一九七二年に録音されている。まさにポリーニは、ショパンの『エチュード集』にあって、電気化された身体を歌ったのである。そしてピアノを弾く彼の身体は、『2001年宇宙の旅』に登場するコンピューターHAL(ハル)のように、感情すら有するに至った電子頭脳によって制御されている印象を与えたのであった。

「電気化された身体」のイメージと並んで注目すべきは、一九七〇年代におけるいわゆる前衛音楽の変貌である。一言で言えばこの時代において、現代音楽は革命的であることをやめ、癒やし的な音楽へと方向転換し始めるのである。現代音楽といえば、耳をつんざくような不協和音で充満し、難解かつ攻撃的な音楽というイメージが一般にはあるだろうが、もはやそういうものは前衛的ではなくなり始めると言えばいいだろうか。

二〇世紀の前衛音楽の黄金時代は一九五〇〜六〇年代前半だった。ブーレーズ、シュトックハウゼン、ノーノといった第二次大戦後に登場してきた若い世代の作曲家たちは、激越な不協和音によって世界への異議申し立てを行った。世界の不条理を告発しようとした。彼らの音楽は闘う音楽であり、ユートピアを希求する音楽でもあった。またそれが孕んでいた尋常ではない狂気の背景には、同時代の核戦争への恐怖なども潜んでいただろう。

こうした前衛音楽の作曲家たちは、フルシチョフ以後の東西雪解けと並行して、ややその攻撃性を緩めはしつつも、一九六〇年代に入ってもなお革命的な音楽であることをやめようとはしなかった。彼らにとって音楽の歴史とは Ever Onward（限りなき前進）であって、永久革命によって絶えず更新されていかねばならないはずのものであった。しかるに一九七〇年代に入るあたりから、明らかに前衛音楽の流れに潮目の変化が生じ始める。端的に言えば、かつての前衛たちは闘うことに疲れ始めるのである。

象徴的な出来事の一つは、戦後前衛の中でも最も過激な闘士であったピエール・ブーレーズの、指揮者への転向である。もちろん彼はそれまでも指揮活動をやってはいたし、指揮者としての彼の能力が極めて高いことは周知であった。しかし客演で自作を振るならともかく、メジャー・オーケストラの常任指揮者ともなると、話は別である。客の好みも斟酌し、幅広いクラシックのレパートリーを万遍なく提供しなくてはならないだろう。そして古典派からロマン派に至るクラシック・レパートリーこそ、それまでブーレーズが激しく敵意をむき出しにしていた守旧派音楽なのであった。前衛音楽の普及を阻害しているのは、旧態依然たるクラシックがいまだにレパートリーの中で幅を利かせているせいだと、彼は折に触れて発言してきた。そのブーレーズが一九七一年に、電撃的に、しかも同時に二つのオーケストラの首席指揮者や音楽監督に就任したのだ。ＢＢＣ交響楽団、そしてニューヨーク・フィルである。おまけに後者はバーンスタインの後任としてであった。

　もちろんブーレーズは、決して指揮者に転向したわけではなく、従って作曲をやめるわけでもなく、首席指揮者になったのはオーケストラ内部からのレパートリー改革のためだと主張し続けた。実際ニューヨーク・フィルにおいては、難解な現代音楽ばかりを次々にとりあげ、保守的な観客の顰蹙を買ったことは有名である。しかし実際問題として以後のブーレーズがほとんど作曲をしなくなり、指揮活動に軸足を移動したことは否定できない。指揮者としての彼は、従来のクラシック・レパートリーの「仕分け」を目論むかのように、バッハもモーツァルトもブラームスもチャイコフスキーも一切演奏せず、少数の例外を除いて（ワーグナーなど）ドビュッシー／マーラー以後の二〇世紀モダニズムしか振らなかった。実際ブーレーズが、二〇世紀音楽を振らせれば右に出る者はいないくらいの、偉大な巨匠であったことは間違いない。

しかしながら今日の目から見て一九七一年のブーレーズが、前衛音楽の歴史の一つの転換点だったことは明らかだろう。それは「前衛」という直線的な歴史観の挫折であり、前進することの限界の認識であり、ある意味で（一九六八年がそうであったように）理想主義の一つの終焉と見えるのだ。やがてポストモダンの思想家たちは、右肩上がりの成長の物語としての近代は終わったと主張し始めるだろう。そしてオイル・ショックがきっかけとなってエネルギーの限界が明らかになり、宇宙船地球号が云々されるようになっていく。一方にポリーニ的な新しい電気エネルギーによる未来音楽のイメージ、他方にかつての前衛の挫折。それが交錯するところから一九七〇年代の音楽は始まった。

ちなみに「現代音楽」というと、なんとなく私たちは前衛音楽のことを連想し、そして今でも時代の先端を突っ走る過激な前衛音楽家たちが活発な活動を展開していると思いがちである。もちろんユニークな前衛音楽の創作がなくなったわけではない。ただし現代の音楽シーンを理解する上でとても重要なのは、今日にあって前衛音楽はもはや必ずしも現代的ではない、という事実である。右に書いたように、前衛音楽としての現代音楽の黄金時代は一九五〇～六〇年代の冷戦期であって、考えてみればもう半世紀も昔のことなのだ。今日では「アヴァンギャルド」という言葉は、例えば未来館の類いのパヴィリオンであふれていた一九七〇年の大阪万博を振り返るにも似た、レトロなノスタルジーを喚起すると言っても過言ではない。

それにしても興味深いのは、前衛音楽がよりによって冷戦の時代に、それも厳密に言うなら、もっぱら「西側において」繁栄したという点である。東側に現代音楽などというものは存在しなかった。ショスタコーヴィチやプロコフィエフやハチャトゥリアンといったソ連の作曲家が典型だが、東側の作曲家たちは皆、交響曲や協奏曲や弦楽四重奏やバレエといった伝統的なジャンル枠を守り続け、それなりに二〇世紀前半のモダニズムの要素を取り入れながらも、決して従来のクラシック音楽の枠を突破するようなことはしなかった。当局による言論統制が芸術表現にまで及んでいた東側にあって、下手に耳障りな不協和音を書こうものなら、それだけでシベリア送りになりかねない危険があった。

うがった見方をするなら、冷戦期の西側における現代音楽の繁栄の背後には、少なからぬ政治的要素が潜んでいたと言えるだろう。いわゆる偶然性の音楽で名高いアメリカの前衛作曲家ジョン・ケージの活動には、ＣＩＡから相当な額の資金が流れていたと聞いたことがある。ケージといえば《４分33秒》（一九五二年）が名高い。ピアニストがステージに登場し、４分33秒の間何もせずピアノの前に座り、そして退出するという「作品」である。自由主義陣営ではどんな表現でも許される──そういう暗黙の文化プロパガンダとして、西側の現代音楽はあったのかもしれない。その意味で前衛音楽は、逆説的なことだが、ポピュラー音楽とセットの関係にあったとすら言える。エルヴィス・プレスリーからマイケル・ジャクソンに至るアメリカのポップスでもまた、自由の素晴らしさがこれでもかこれでもかと歌われ、そしてその黄金時代は冷戦期と完全にかぶっていた。

既に示唆したように、戦後の前衛音楽の歴史の一つの節目となったのが、一九七〇年代である。つまり過激な前衛音楽は、まるで一九六八年の五月革命を境にして徐々に生じた左翼の退潮と歩調を合わせるかのように、あまり流行しなくなるのだ。代わって同時代の現代音楽シーンをリードするようになるのが、アメリカ発のミニマル・ミュージックである。これはベトナム戦争の時代にスティーヴ・ライヒら若い作曲家たちが創り出したスタイルであり、端的にいえば一種の環境音楽というか、実験音楽的なＢＧＭであった。そこでは耳触りのいいサウンドにのせて、ごく短い音型が波動のように延々とループされる。響きはまるで電気フィルターを通したかのように透明で、葛藤格闘の痕跡一つなく、さらさらと耳元を快適に流れていく。「音楽」というより、むしろ波の音とか森のサウンドスケープに近い感覚である。どこまで行っても滑らかなサウンドが流れ続けているだけ。どこから聴き始めても、聴くのをやめてもいい。そんな音楽であり、その意味でＢＧＭ的なのだ。

いろいろな意味でミニマル・ミュージックは、いわゆるポストモダンの時代を予告する音楽だった。まず一つは「大きな物語」の否定。ベートーヴェン以後のクラシック音楽は、いわば弁論（演説と言ってもいい）であった。第二次世界大戦後の過激な前衛音楽に至るまで、そこだけは変わらなかった。ベートーヴェンもワーグナーもブーレーズもシュトックハウゼンも、音楽を通して理念を語った。そこにはダイナミックな起伏が、つまり起承転結があった。だがミニマル・ミュージックはこうしたモダン音楽の基本原理自体を否定した。

ミニマル・ミュージックの多くに共通する白色光のようにクリーンな電気的サウンドは、先で紹介したポリーニのサイボーグのようなピアノ、あるいはシンセサイザーを駆使するフュージョンなどと同じく、どこか「新しいクリーンなエネルギー」のイメージとシンクロしている。また同一音型を波動のように無限ループして脳波に作用を及ぼしてくるような感覚は、今日の癒やし音楽の遠いルーツであると同時に、一九七〇年代のヒッピーたちが希求しただろう、新しいスピリチュアル世界のようなものを連想させもする。ミニマル・ミュージックは紛れもなく、空高く舞い上がり白い光となる『かもめのジョナサン』の同時代人である。

こんな一九七〇年代以後の音楽シーンを、今日に至るまで半世紀近くリードし続けてきた人物に、マンフレート・アイヒャーがいる。ミュンヘンに本拠地を置くＥＣＭ（Editions of Contemporary Music）というレコード会社のカリスマ的なプロデューサーである。一九六九年に彼が設立したＥＣＭは、安直な商業主義には目もくれず、ただひたすらアイヒャーの研ぎ澄まされた美意識と時代感覚に導かれ、モダン・ジャズとクラシックと現代音楽のすべての領域で、しかもしばしば諸ジャンルの垣根を超えたかたちで、極めてレベルの高い録音を世に問い続けてきた。キース・ジャレットの伝説的な『ケルン・コンサート』、チック・コリアの『リターン・トゥ・フォーエヴァー』、スティーヴ・ライヒの『18人の音楽家のための音楽』、古楽演奏のカリスマであるヒリヤード・アンサンブルによる中世・ルネサンスの合唱曲、ヒリヤード・アンサンブルとジャズ・サックス奏者のヤン・ガルバレクを共演させた中世聖歌『オフィチウム』の録音、ハンガリーの名ピアニスト、アンドラーシュ・シフによるベートーヴェンのピアノ・ソナタ全集――ECMがこの半世紀に送り出した歴史的大ヒットは枚挙に暇がない。

ECMの名ととりわけ深く結びついている音楽家の一人に、アイヒャーによって見出されたエストニアの作曲家アルヴォ・ペルトがいる。一九八四年に発売された彼のアルバム『タブラ・ラサ』は、「こんな現代音楽があったのか……」と、西側の聴衆に衝撃をもって受け入れられた。当時まだエストニアはソ連であったわけだが、「ペレストロイカ」により当局の統制が緩むとともに、西側の人々にとってはまったく未知だった作曲家たちが、鉄のカーテンの背後で次々に発見され始めていた（かつてのソ連では反体制的な音楽家は出国を許されなかったのだ）。すでにベルリン在住であったとはいえペルトもその一人であり、西側の資本主義的な商業音楽や独善的な前衛などには目もくれず、まるで中世の聖歌が蘇ったかのような深い静寂に包まれた彼の精神世界に、人々は驚倒したのであった。

現代音楽は必ずしも前衛的である必要はないこと。商業主義にまったく侵されていない精神領域というものがかくも清冽(せいれつ)であること。現代にあっても宗教的な世界と深く結びついた音楽は可能であること——ペルトの発見は戦後現代音楽の歴史の決定的なターニングポイントであった。それは前衛音楽の最終的な終焉を示唆するものであった。ベルリンの壁が崩壊したのはそれから数年後のことである。

即興演奏再考

私たちの多くにとって「音楽をする」とは、「既成のあの曲やこの曲を演奏する」の意である。耳コピでカラオケを歌う時も、楽譜片手に合唱をする時も、そしてピアニストが暗譜で名作をステージ演奏する時も、このことは変わらない。即席でその瞬間にあふれ出した霊感に導かれて曲を奏でるなど、ほとんど妖術か奇術の類いのように思っている人も少なくないだろう。かくいう私も少し前までは、例えばジャズ・ピアニストなどにしても、「あらかじめクラシックと同じように楽譜にきちんと書いたものを練習しておいて、ステージではそれをあたかも即興でひらめいたかのような顔をして演奏しているんじゃないか？」などと考えていた。どうせ仕掛けがあるに違いないというわけだ。

言うまでもないが、即興への差別偏見の類いは、とりわけクラシック音楽において著しい。例えば今から四〇年以上も前、ウィーンの名ピアニスト、フリードリヒ・グルダがモーツァルトの作品に、即席で楽譜に書いていないかわいらしい装飾をつけて弾いただけで、批評家たちはまるで神への冒瀆だと言わんばかりの非難を向けた。楽譜は聖書と同じく、神聖にして冒すべからざる経典なのである。しかしながら実はクラシックの世界にあっても、モーツァルトの時代あたりまでは、即興を入れるのは当たり前であった。モーツァルトのピアノ・ソナタも演奏者が当意即妙の変奏を加えて弾くことを当然の前提として書かれているのであって、杓子定規に楽譜どおりに演奏したりすることは、楽譜至上主義者が金科玉条のように振り回す「聖なる作曲家の意図」に、むしろ反するものである。そもそも一八世紀くらいまで即興演奏は、しかるべき音楽家が絶対に身につけていなければならない素養であって、王様から与えられたテーマを使って、即興で御前演奏をするなどということもよくあった。バッハもモーツァルトもこういうことをした。また一九世紀になっても、ベートーヴェンにしろ、ショパンにしろ、リストにしろ、すべて即興演奏の名手であった。

クラシックの世界において、公開の場から即興演奏が姿を消し始めるのは、一九世紀の後半あたりからだろう。今日のリサイタルの形式が整えられるにつれて、プログラムにはレストランのメニューよろしく、「本日のコース」があらかじめきちんと告知されるようになる。最初にバッハ、次にベートーヴェン、休憩を挟んで後半にショパンのあれとリストのこれ、というわけだ。「何を弾くかは当日にならないとわかりません」では商売にならない。「後半は皆さんのリクエストしたメロディーで即興をやります」などという行き当たりばったりは許されなくなる。

とはいえ二〇世紀に入ってもなお、その気になればいくらでも即興ができる人は、ある程度はいたはずである。例えばホロヴィッツやリヒテルに即興演奏ができなかったとは思えないし、またルービンシュタインについては面白いエピソードが残っている。神童の誉れ高かった十代の頃の彼は練習が大嫌いで、いつもほとんど曲をさらわないままステージに上がっていた。それでも楽々と何でも弾けた。ところがある時、ブラームスの曲を弾いている途中で暗譜がうろ覚えになってしまい、どこを弾いているかわからなくなってしまった。仕方がないので、自分で適当に即席で曲をでっちあげて、何とか最後までもっていったというのである。ちなみにこのリサイタルにはルービンシュタインの先生も来ていたのだが、この人はたいへんに厳格な教師だったので、ルービンシュタインはきっと練習不足について激しく叱責されるだろうとびくびくしていたところ、リサイタル後に楽屋にやってきた先生は彼を抱擁して、「やっぱりお前は天才だ！」と激賞してくれたという。

もしできるものなら、窮余の策で即興によってでっちあげたルービンシュタインのこのブラームス演奏を、ぜひとも聴いてみたかったと思う。きっとそれは録音用に隅から隅まで仕上げられた演奏とはまったく別種の魅力にあふれていたに違いない。だがいずれにしても二〇世紀に入るとともに、クラシック系演奏会では、ステージ上で即興する習慣はほぼ完全に消滅した。今日では名演奏家と呼ばれる人々の間ですら、即興演奏ができる人はほとんどいないのではないかと、私は疑っている。単なる勘にすぎないが、現代の大ピアニストで確実に即興ができると想像されるのは、アルゲリッチくらいのものではないだろうか。はっきりした根拠はないが、即興能力のあるなしは何となくわかる。できない人の演奏は、どこか原稿を丸暗記している人の英会話のような生硬さがつきまとうのだ。

今日において即興が廃れてしまった最大の原因は、おそらく近代の大作曲家たちによる演奏家への過剰干渉である。作曲家というのは隅から隅まで自分の思いどおりにならないと気が済まない人種である。しかもモーツァルトやショパンやリストがそうしたように、自分で作って自分で演奏するのではなく、一九世紀後半以後は「専業作曲家」が増えてくる。作るだけで、自分では演奏しない（できない）作曲家たちである。演奏という最終的な完成形まで自分の責任でもっていくことができない――これはつらい。どれだけきちんと楽譜を仕上げても、最後は演奏家に託さないといけない。だがひょっとすると演奏家は自分の作品を無茶苦茶にしてしまうかもしれない……。

一九世紀後半以後の作曲家の楽譜は、どんどん緻密になっていく。誤解の余地が生じないように、細かいニュアンスまですべて書き込もうとする。あれだけ細かく楽譜で指定されたら、即興することなど不可能だ。余計なことをせず、ひたすら楽譜どおりに弾くことを、近代の作曲家は強要する。演奏家嫌いでとりわけ名高かったのはストラヴィンスキーで、彼はイタリアの諺（ことわざ）を引いて「通訳（トラドゥットーレ）はいつも裏切り者（トラディトーレ）だ」（翻訳に誤訳はつきものという意味）と言い、「自分にとって理想の演奏家は、オルゴールの蓋を開ける人だ」と主張した。演奏家など単なる再生機械

（または機械にスイッチを入れる人）でいいということだ。実際彼は一時期、自分のすべての作品をピアノ編曲し、それを自分で自動ピアノに録音することを考えていた。

小説家や画家と同じような意味で「作品を仕上げる」ことは、作曲家にはできない。頭の中にどれだけ完璧な形が思い描かれていようとも、実際の演奏会ではどんなアクシデントが起きるかわからない。演奏を他人の手に委ねるとあっては、なおのことである。それに万が一完璧な演奏を実現することができたとしても、それを常時再現することなどできようはずもない。つまり即興的／偶発的な要素をどれだけ排除したところで、絵画や文学のような意味での「完成形」としては、音楽作品は存在していない。例えばベートーヴェンの《第九》。フルトヴェングラーの録音もカラヤンの録音もバーンスタインの録音も、あるいは○月○日のどこそこでの演奏会もすべて、ユートピアとしての「完成形」になんとか辿り着こうとして夢破れた敗北の記録なのかもしれない。すべての芸術の中で最もはかなく、だからこそ最も美しいのが音楽だとすると、その理由の一つはこのあたりにある。

音楽は生ものであり、演奏家は生身の人間であって、ライヴ演奏に「あの時あそこ限り」の予期せぬ偶然が入り込むことは不可避である、その限りにおいて音楽には常に即興というアクシデントの要素がつきまとう、それならば積極的に即興をもう一度音楽の中に導入しようじゃないか――二〇世紀の後半になると、現代音楽の中にもこういう動きが出てくる。大きな譜面にいくつも断片的なパッセージを書きつけておいて、ピアニストはそのうちたまたま目に入ったものを順番に弾いていくとか（こうやると同じ順番になることはまず二度とないから、何度弾いても「同じ曲」にはならないということだ）、あるいは楽譜の一部に「ここはこの音とこの音を使って好きなように弾け」といった指示をしておくといった試みである。ただし即興＝偶然＝一回限りの要素を持ち込もうとする現代音楽の試みは、演奏家の間では概して評判が悪い。「好きなようにしてよい」などと演奏家に下駄を預けるのは無責任だというわけである。

　しかし作曲家から「好きにしてよい」という自由を与えられて不満を言うというのは、よくよく考えれば倒錯した話ではある。要するに「ひたすら楽譜に忠実に弾け、余計なことはするな」という教育をされてきた結果、近代のクラシック系演奏家は命令されたことしかできない指示待ち人間に成り果ててしまったということか。

　そもそも楽譜の一部を演奏家の自由（即興）に任せるというのは、実は一八世紀までクラシック音楽では当然のように行われていたことなのであって、文句を言うような筋合いのものではないはずなのだ。伝統的な作品で「好きなようにしてよい」箇所には、「ad libitum」という指示が記される。アド・リビトゥム（自由に）、つまり「アドリブ」の語源である。

右にも少し書いたが、一八世紀まで長い音符（二分音符とか四分音符とか）には、アドリブで装飾をつけるのは当然の習慣であった。また同じメロディーの繰り返しに際しては、二回目はアドリブで自由に変奏することもよくあった。また協奏曲のカデンツァの部分は、演奏家にとって最大の即興の腕の見せどころだった。カデンツァとは協奏曲の第一楽章（そして第三楽章）の終わりのほうに置かれる大規模なソロの部分である。技巧的に他のところより格段に難しく長く華やかなので、聴いていてすぐわかるはずだ。ただしカデンツァは単なる演奏者の技巧披露の場所ではない。単に楽譜をそのまま弾いているだけでは退屈するだろうからと、演奏者自身にも創造のファンタジーを広げるために置かれた、白紙のスペース。それがカデンツァである。

今日ではカデンツァの部分すら、たいがいの独奏者は既成の楽譜を用いて演奏する。作曲者自身が書いたカデンツァを使うこともあれば、別の作曲家が書いたそれを用いることもある。考えてみれば情けない話である。「即興をしていいですよ」という場所ですら、楽譜がないとだめなのだから。ドイツ語では即興のことを「ファンタジーレン＝幻想曲する」と言うが、カデンツァはそもそも演奏者が霊感の赴くままに、自由にファンタジーの翼を広げるための場所だったはずなのだ。

演奏者の自由に対する作曲家の管理がカデンツァにまで及び始めるのは、ベートーヴェン以後のことだと言っていいだろう。具体的には有名なピアノ協奏曲第五番《皇帝》である。この作品の第一楽章のカデンツァを、ベートーヴェンは自分で書いた。もちろんカデンツァを作曲家が自分で書くことは、それ以前にもあった。しかし例えばモーツァルトが残したカデンツァは、代用可能である。それを使ってもいいし、別の作曲家が書いたものを使っても、あるいは演奏者自身が自由に弾いてもいい。しかし《皇帝》のカデンツァは違う。それは緊密に前後の流れに組み込まれているので、他のもので代用したりできない。しかも思い切り短い。まるで「演奏者が勝手に自分を見せびらかしたりするな」と言わんばかりである。

晩年のベートーヴェンは、自分の書いた弦楽四重奏が難しすぎて演奏できないとあるヴァイオリニストに批判されて、「私の頭の中で霊感の火花が飛び散っている最中に、私にあの哀れな男の手のことを考えろとでも言うのか」と言ったと伝えられる。彼にとっては作曲家が神であり、演奏家などただの従僕にすぎなかったのであろう。

ベートーヴェン以後、一九～二〇世紀を通して、演奏家に対する作曲家の管理は加速度的に厳格になっていく。一八世紀までの楽譜は、ある意味でアバウトなメモのようなものであった。テンポの指定も強弱の指定もあまりない。細かい装飾などが演奏家の即興に任されていたことも、右に書いたとおりである。バッハに至っては楽器指定がないことすらある。どの楽器を使ってもいいということだ。それに引き替え一九世紀後半以後の作曲家、例えばワーグナーとかマーラーとかラヴェルの楽譜を見ていると、その偏執的なまでの細かさに眩暈がしてくる。テンポの細かい伸び縮み、強弱の微妙なニュアンス、音色変化など、すべてが細部に至るまで指示してあるのだ。

右に名前を挙げた作曲家たちは皆、自分の作品が――とりわけ自分のいないところ、そして自分の死後において――どう演奏されるか、病的なまでに気にしていたのだと思う。逆に言えば、バッハやモーツァルトの楽譜のアバウトさは、それをどこで誰がどう演奏しようが、彼らがあまり気にしていなかった証かもしれない。いずれにせよ、自分の作品の不滅性に対する近代の作曲家たちの執着はすさまじいものだったのだろう。自分の作品は永遠である、だから自分の死後もそれは意図したとおりに完璧に再現されなくてはならない——古代エジプトのファラオよろしく、一種の不老不死願望を作品に託するのだ。

しかし不滅を希求するからこそ、皮肉にも人は実存の不安に襲われる。自分のあずかり知らぬところで演奏家が勝手に自分の作品をいじるのではあるまいか。あそこのあのパッセージの強弱はああではなくて、こうでなくてはならないのに、いったいどうすれば何人にも誤解がないよう、あのニュアンスが伝わるだろうか……。こんな不安にさいなまれ始めるのである。

このほとんど神経症的な不安は、バッハやモーツァルトの「お好きにどうぞ」と言わんばかりの大らかさと、あまりにも対照的である。きっとバッハやモーツァルトは、自分の作品を永遠に残そうなどと、あまり考えていなかったのだ。また彼らは他者というものを深く信頼し、敬意を払っていたのだろう。だからこそ「お好きにどうぞ」と言えたのだ。

永遠の生命を得ようとして逆に他者への不信にかられる。ロマン派以後の作曲家たちの実存の不安は、今ここ限りで霞のように消えてしまう音楽というはかなき芸術の運命を、敢えてそういうものとして受け入れるところに成立する即興の精神と、あまりにも対照的である。

音楽の終わり方

人はややもすると若い頃、人生が無限に続いていく錯覚を抱きがちである。早くに身近な人を亡くすというような経験があれば事情は違ってこようが、そういうことでもなければ「時の終わり」、すなわち死とは、極めて観念的な存在にすぎない。ただし私のように五十代半ばともなれば話は違ってくる。シューベルトもモーツァルトもショパンもシューマンもメンデルスゾーンも、皆とっくに亡くなっていた年齢である。ベートーヴェンが亡くなったのが五六歳。私も同じ年齢だ。「終わり」が見えてくる。そして残り時間をいろいろ計算する……。

音楽を生業(なりわい)とする者にとって、「残り時間の計算」とはシャレではない。絵画や文学なら、鑑賞するスピードを上げることでもって、同じ残り時間で他人より多くの作品を知ることが可能である。しかし音楽はそうはいかないのだ。音楽は万人に平等である。ある交響曲を聴くには、誰でも同じ時間がかかる。残り時間を自分が知りたい作品数で割ると、あといったいどれだけの音楽を聴けるか？　限られた量の音楽しか聴けないなら、まだ知らない作品を優先するか、それともすでに知っているお気に入りの音楽を何度も聴くか？　ナンセンスな自問自答とは思いつつ、音楽が「時間芸術」と呼ばれるその含意に、思わず眩暈（めまい）がしてくる。

時間芸術としての音楽の実存がとりわけ生々しく浮かび上がってくるのは、その「終わり」においてである。若い頃の私は、曲の終わり方のことはあまり気にしたりしなかった。ある曲が好きになるとは、曲の始まり方を好きになることと、ほぼ同義であった。そして曲の終わりについて言えば、勝利宣言のような終わり方をする曲ばかり好きだった。曲の終わりを真の意味での「終焉」とは考えていなかったということである。

以前にも書いたが、音楽はその終わり方の点で、極めて特異な芸術ジャンルである。文学や絵画の場合、作者が推敲を重ねて「これにて完成」と認定した時点で、新しい作品が生まれる。世に送り出される。しかし音楽——楽譜としての音楽ではなく、実際に目の前で鳴り響く音楽――は、最後の和音に辿り着いて完成した瞬間、跡形もなく消える。音楽の完成とはある意味で音楽の死である。

こういう問題についてあれこれ考えるきっかけになったことがある。私の友人に精神分析の極めて優秀な研究者がいるのだが、彼は音楽がとても好きで、ある時シューマンのピアノ協奏曲の話になった。あの熱狂的なフィナーレについて彼は、歓喜とも狂乱とも絶望ともとれる、何とも名状しがたい表情を浮かべながら、次のように言った。「ねえ、あのシューマンの協奏曲の最後の楽章ってさあ、『ああ、もう終わっちゃう！　終わっちゃう！　夢から覚めちゃう！』って叫んでいるように聴こえない？」――あまりに意表を衝く感想に、私は返す言葉がなかったのだが、それからというもの、ある作品がどう終わるかが、とても気になり始めた。

「音楽が終わる」とは、音楽という夢から目覚めて現実に立ち返ること、つまり生への帰還なのか。それとも音楽という、人が生きる時間の中で最も生命力が横溢したそれの終わりは、ある意味で死の一種なのか。この恍惚の只中で死んでも別に構わないと考えるのか。これが永遠に過ぎ去る瞬間がいつかやってくることにおののきと憂鬱と戦慄を感じるか。やがて熱狂が去って再び地に足の着いた日常が戻ることに安堵を覚えるか。

音楽の終わりとは祭りの終わりによく似た時間意識を人にもたらす。

哲学的な問題を脇に置いたとしても、「終わり方」は音楽を創り上げるプロセスにおいて、極めて重要なポイントの一つである。つまり「カッコイイ始まり方」ができる人は結構いるにしても、「然るべき終わり」へと曲を持っていける作曲家は非常に少ないのだ。B級のテレビ・ドラマ（例えば「火曜サスペンス」的なもの）を、喩えとして考えてみる。たいがいの場合、始まりは割にいい。視聴者を瞬時にして物語へと引き込むポイントを知っている。しかしB級ドラマだと、この緊張感を持続し、盛り上げ、そして説得力を持って終わらせることができない。夜の九時から始まったとして、一〇時くらいまではいいのだが、一〇時一〇分あたりから何となく犯人が見えてきて、一〇時半くらいになるともはや単なる種明かしになって緊張は完全に失われ、最後の一〇分はあってもなくてもいいようなお約束事のハッピーエンド。ほぼすべてこのパターンである。これがヒッチコック映画などになると、この種の緊張の失速は絶対に起こらない。最後の最後まで観る者を惹きつけ続ける。そしてすべてが完全に解決した瞬間、ドラマが終わる。実質的にストーリーは完結しているのに、だらだらと引き延ばして時間稼ぎするなどということは、そこでは絶対に起きない。

クラシック音楽の場合、私たちが一般に耳にするほぼすべての曲は、それなりの名曲ばかりである。それらはさも当然のように、然るべき終わり方をする。だから「然るべき終わり」が本当はどれだけの難事であるか、かえってあまり実感できない。しかし現代音楽の新作などを聴くと、ダレずに終わるということがそもそもどれほど技量を必要とすることであるか、瞬く間に明らかになる。クラシック名曲と違って現代音楽は、まだ歴史のふるいにかけられていない。だから玉石混淆（こんこう）である。「玉」より「石」のほうが圧倒的に多いと言っても過言ではない。

とはいえ、新作であっても「始まり方」は、それなりにたいがいいい。最初からずっこける作品はほとんどない。曲の始まりには皆、並々ならぬ創作のエネルギーを注いでいるということであろう。そして曲の展開というか、盛り上がりについても、悪くないものは多い。しかし——ほぼ99パーセントの新作は、終わるタイミングを見失ってしまう。「今このあたりで終わったならお見事、拍手喝采してあげよう」などとこちらは内心思っているのだけれど、このタイミングで終わる作品というのはめったにない。もはや次の盛り上がりもなければ新しいアイデアも出てこないのに、だらだらとまだ続く。そして曲が終わった時点で会場はだれきっている。こういうケースがほとんどである。あそこで終わっておけばよかったのに……。

ちなみに面白いのは、こちらが終わるタイミングが来ているとまだ感じていないのに、さっさと終わってしまって物足りなさが残るというケースが、ほとんどないという点である。フライングはあまりない。たいがいは「タイミングが遅すぎ」なのだ。想像するに「筆を置く」というのは、門外漢には思いもよらぬような、途方もない胆力を要するのではあるまいか。すべて言い切る、そして充分語ったと思ったら、もう余計なことはつけ加えず終わる——これはよほど自信がないとできないことなのだ。

ここぞというタイミングで過(あやま)たず終止符を打つ——名曲中の名曲とされてきたものは、さも当然のようにこの条件をクリアしている。しかしそれを自明と思ってはいけない。それは神に祝福された奇跡のごとき瞬間である。

本当に難しいのは、始め方ではなく、終わり方だということ。これが当てはまるのは音楽には限るまい。会議でむやみとしゃべり続ける人。もう「終わっている」のに、いつまでたっても終わらない二流映画。引退のタイミングを誤って晩節を汚すスター。充分に言い切り、言い切ったと思ったら終わる――これは本当に難しい。それだけではない。終わりのタイミングを逸することは怖い。なぜなら終わりはそれに先立つすべてを決定してしまうから。友人の優れたジャズ・ピアニストが言っていた。「お客が覚えているのはエンディングだけ。だからエンディングで失敗すると、全部が失敗になってしまう」。

思うに作曲家がある作品に託した世界観が最も端的に表れるのは、その終わり方においてである。曲の始まりはまだ提示にすぎない。それは「私はこれについてこれから語りたい！」という表明である。それに対して終わりにおいては、作曲家が曲の冒頭で宣言したことが本当に語られ尽くしたかについて、審判が下される。それだけではない。作曲家が自分では意識していなかったようなことまでが、終止和音の余白に浮き上がってくる。微かな疑念、言い得ぬ想い、言葉と裏腹な何か、自覚すらない無意識――そういうものである。

曲の始まりではなく終わりのほうに、決定的に重要な何かが表れる――こういうタイプの典型的な作曲家の一人はシューマンだろう。〈歌の終わり〉という彼の初期のピアノ曲がある。《幻想小曲集》作品一二の終曲である。そこでは民謡風の旋律が賑やかに繰り広げられながら、いつしか音数が少なくなっていって、やがて馥郁たるロマン派情緒の余韻を漂わせつつ、すべては沈黙の中へ消えていくのだが、これに限らずシューマンの作品には「消えていく終わり」がとても多い。《子供の情景》の終曲〈詩人は語る〉もそうだ。「語る」と言いつつ、そこでは音はほとんど鳴らない。沈黙が支配している。音を配することで、逆に音のない世界を示唆する、そんな音楽である。

そもそも作曲家は、「これでいい／もう充分だ」と思った時点で筆を置く。しからば終わりにこそ、その世界／人生／作品観が最も端的なかたちで表れるのは、当然のことであろう。だが私が何より面白いと思うのは、個々の作曲家云々を超えて、時代ごとに曲の終わり方にははっきりした特徴があり、そこにはほとんどある時代の人々の死生観が表れていると言っても過言ではないという事実である。端的に言って、一八世紀までと一九世紀と二〇世紀とでは、曲の終わり方がまったく違うのだ。

一八世紀までとはフランス革命以前の前近代であり、作曲家でいえばモーツァルトあたりまで、ということになるだろう。一九世紀はベートーヴェン以後、つまりロマン派であり、ヨーロッパ近代（帝国主義）の中核のエポックである。そして二〇世紀はおよそ第一次世界大戦以後の破局の時代、つまり現代と考えていい。前近代と近代と現代とで、作曲家たちはいかなる死生観を音楽によって表明したか。

バッハやモーツァルトなど、一八世紀までの作曲家においては、終わりが終わりとして印象づけられることはあまりない。大まかに言ってパターンは二つ。「いつの間にか淡々と終わる」それと、「賑やかに、しかし型どおりのシャンシャンで終わる」それである。それに対して、盛り上がって勝利宣言で終わるパターンを確立したのは、ベートーヴェンである。とりわけ彼の主要な交響曲――第三番《エロイカ（英雄）》や第五番《運命》や第九番《合唱》――は、すべて輝かしく「ドヤ顔」で終わる。この盛り上がって終わるパターンは、総じて一九世紀ロマン派の十八番（おはこ）である。だからロマン派は人々の間で人気があるのだろう。

対するに現代音楽と呼ばれたりもする二〇世紀作品の場合、終わりはたいがい悲惨である。断末魔の叫び、意図された尻切れトンボ、そして狂乱の躁状態といったものだ。こうやってみると、現代人というのがいかに「終わり」を恐れるようになったか、実に生々しく実感できる。

一八世紀までの音楽があまり終わりを終わりとして強調しない——これはとてもよくわかる。きっと彼らは神のお導きといったことを深く信頼していて、人間の時間の終わりなどは二の次だったのであろう。ただひたすら最後の審判を待つことだけが人の務めだというような死生観を生きていたのであろうか。それと比べるならばベートーヴェン以後の一九世紀型「盛り上がるフィナーレ」は、とても人間的であると同時に、ある意味で神の世界に安住できなくなった人間の不安の裏返しだったかもしれない。神から解放された人間は、今や自らの手で輝かしき時間の終わりを構築できるようになった。これを逆の言い方をするなら、神が救ってくれる保証がないのだから、人間の手で勝利と救済の終わりをもぎ取らねばならなくなったということか。

一八世紀以前の音楽のことをもう一度考えてみよう。ハイドンやモーツァルト、あるいはバッハは、どのように音楽を終えているか。ハイドンやモーツァルトの交響曲の終止は力強く華やかだが、そこにベートーヴェン以後のようなメッセージ性はあまりない。先ほど述べたような「シャンシャン」である。どの交響曲でも序曲でもセレナーデでも、たいがい似たような類型的な終わり方なのだ。どこかで終わらねばならないから、しかるべき時刻が来たらとりあえず型に従って終わるのである。

この終わり方はどこか、定型的なテレビ・ドラマの作り方を連想させる。例えば『水戸黄門』などがその典型だろう。こうしたドラマの場合、内容に先立ってまず、六〇分なり一二〇分なりといった、時間の枠が設定されている。自分の言いたいことを、時間を気にせずに延々と言い続けるといったことは、そこでは不可能だ。終演時間は守らねばならない。終わりの時間になったら芝居小屋の店じまいを始める。そして定刻どおりに出演者が全員登場してお客様にご挨拶してハッピーエンド。ハイドンやモーツァルトの交響曲はこんなふうにして終わる。

対するにバッハの音楽では、もちろんこうした「定型的な終止」は多いが（ブランデンブルク協奏曲や管弦楽組曲といったタイプ）、もう少し違ったパターンもある。例えば《平均律クラヴィーア曲集》第一巻のハ長調の前奏曲やフーガとか《無伴奏チェロ組曲》など。これらにおける終わりは、これからもずっと続いていく静かな時間の流れに、とりあえず一時的に終止符を打つといった風情だ。誤解を恐れずに言うならば、そこで終わってもいいけれども、二小節早くてもいいし、あるいはあと八小節ほど続けてから曲を閉じても、あまり変わりがないような終わりなのである。曲の最後の和音が消えた後も、何かはまだ流れ続けている。曲の終わりはあくまで仮象にすぎない。これは明らかに、霊魂の不滅を本当に信じることのできた人の手になる音楽である。

バッハやモーツァルトの音楽の終わりには、近代が忘れてしまった時間表象が刻印されている。いろいろな矛盾は残っていてもとりあえず終わっておく、終わりにそれ以上の意味はない、それでも一応終わらねばならない――彼らの音楽にはそんなウィットがある。

近代人は人間の手によって時間を完成することに取り憑かれてきたような気がする。クラシック音楽といえば、渾身の力で終結和音を轟かせる大オーケストラ、勝利に顔を紅潮させた指揮者の勇壮なジェスチャー、そして万雷の喝采、といった通俗イメージがあるだろう。しかしクラシックでこうした「感動の終わり」が一般化するのは、一九世紀になってからなのだ。少々大風呂敷を広げてみるなら、キリスト教の「最後の審判」的な時間意識が、こうしたフィナーレの原型になっているのかもしれない。すべての葛藤は最後の瞬間に解決するのである。とはいえ、一八世紀より前の前近代の作曲家たちは、最終的な時の終わりを神に委ねていたからであろう、音楽の中では逆にあまり「終わり」を強調することはなかった。バッハやモーツァルトの音楽には「勝利のクライマックス」など、まったくといっていいほど出てこない。右にも書いたように、彼らの作品の終わりは、「ここで終わってもいいけれど、少し手前で終わっても、あるいは少し後でも構わない、そういう終わり」であることが多い。きっと彼らは「時を終わらせる」という人智を超えた営みを、あえて人間の手で成し遂げようなどとは考えていなかったのだ。

「勝利をめざせ！」的なフィナーレの発想が出てくるのは、ベートーヴェン以後である。近代に特有の現象である。しかし見方を変えて言えば、時間を終わらせる営為を神から簒奪（さんだつ）した近代人は、避けがたくある種のメランコリーを内に抱え込むようになったように見える。神の加護が当てにできない以上、自分で時間を終わらせないといけない、終わった後どうなるのか、まるで見当もつかない。時間という虚空の実存へと、近代人は放り出されたのである。勝利のフィナーレへの希求と時の終わりへの恐怖は、コインの裏表である。

　音楽における近代特有のこの時間意識のパラドックスは、すでにベートーヴェンにはっきり現れている。いくつか典型的な例を考えてみる。《エロイカ（英雄）》や《運命》

や《第九》におけるベートーヴェンの終止は、輝かしいフィナーレの全面肯定である。目標達成！　――何度も力強く打ち鳴らされる終止和音は、近代的な右肩上がりの時間表象のシンボルだ。しかるに晩年のベートーヴェンは、壮年期において自分がその記念碑を打ち立てた勝利のクライマックスを、もはや信じていなかったように見える。彼の最後のピアノ・ソナタ第三二番の終楽章では、延々と続くトリルが次第に小さくなっていって、最後にもう一度テーマがこだましてからすべての音が消える。これは「沈黙に帰依する終わり」である。

対するに、あまり知られていないが、彼の最後のピアノ曲の一つ、《6つのバガテル》は、ほとんど実存主義的ブラックユーモアとも言いたくなるような終わり方をする。まるで天上の声が響いてくるような終曲、音楽が沈黙の中で閉じると思ったその瞬間、文脈に関係なく唐突に、「どうだ！」と言わんばかりの華々しい終止和音が轟いて、曲は終わるのだ。これはベートーヴェン自身のかつての「勝利をめざせ！」型フィナーレの自己パロディーではあるまいか。「人生のナンセンスを笑え！　勝利なんてものに大した意味はないのさ！」――そう高笑いしているような、型破りな終わり方である。

この《バガテル》の終わりは真似したくてもしようのない例外として、ベートーヴェン以後のロマン派の作曲家たちは、大なり小なり彼が示した「曲の終わりの二つのモデル」のどちらかに、終止の範を求めた。例えばブラームスの交響曲第一番やチャイコフスキーの第四番や第五番は「勝利型」の典型である。ベートーヴェンに対抗するかのように、これでもかこれでもかと凱旋のフィナーレを煽る。それに対して、同じチャイコフスキーでも、交響曲第六番《悲愴》は「帰依型」の作品である。時の流れに抗うことを諦めたかのように、徐々にデクレッシェンドしていって、永遠の沈黙の中へ消えていく。音楽が「終息する」のである。シューベルトの《未完成》も同様のタイプである。

もちろん数的に多いのは勝利型であることは言うまでもない。ベートーヴェン的な熱さに距離をとっていたように見えるフランス印象派の作曲家たちも、少なからぬ「勝利型」フィナーレを書いている。特にラヴェルは、ドイツ系の作曲家にも力負けしない、「圧倒する終わり」を多く残している。《ダフニスとクロエ》やピアノ三重奏曲などがそれだ。ただしいたずらにベートーヴェンの向こうを張るだけでなく、ベートーヴェンがやらなかったような終わり方を模索する作品もある。例えばブラームスの交響曲第四番。これは「勝利型」のヴァリエーションで、終楽章はフィナーレへ向けて高揚していくのだが、ただし曲は短調であり、最後は苦々しく「違う、だめだ……」と拒絶するような身振りで終わる。これはブラームス晩年の作品だから、そこにはもはや取り返しのつかぬ自分の人生への悔悟も込められているのだろうか。

こうした「自己否定型」ともいうべきフィナーレをさらに極端にしたものとして、マーラーの交響曲第六番も忘れることはできない。これは輝かしい勝利へ向けての異様な昂揚感の只中にあって、突如として音楽はまるで何かの発作に襲われたかのように痙攣を繰り返し始め、そしてハンマーの絶望的な打撃音で終わるのだ。マーラーはこの作品が完成するより少し前に心臓発作を起こして倒れたことがあり、その経験がここには投影していると言われる。

別の意味で、シューベルトの交響曲第八番〔旧第九番〕《ザ・グレイト》も、随分奇妙な終わり方をする。「終われなくなってしまった終わり」とでもいうべきか。異様な熱狂の中で音楽は旋回し始め、停止できなくなって、まるでゼンマイが切れたように、ぱったりと絶命するのである。これを「イカルス型」と形容できるかもしれない。ラヴェルの《ラ・ヴァルス》なども、こうした「墜落型」の例だ。

「終われなくなった終わり」といえば、ロマン派の作曲家が時として、異様に長い作品を書こうとする傾向にも注目したい。ワーグナーの舞台作品、そして演奏に一時間を超えることもあるブルックナーやマーラーの作品である。彼らの作品の終わり自体は勝利型だったり帰依型だったりするのだが、とにかくいつまで経っても終わりが来ない。終わりを先送りし続けるのである。これを「先送りシンドローム」などと呼んではうがちすぎか。

いずれにせよ、とりわけワーグナーやマーラーには、まるで後ろ髪を引かれるかのように、同じモチーフを延々と繰り返しながら消えていく終わりが時として見られることには、注意を促しておきたい。

勝利にせよ、帰依にせよ、自己否定にせよ、墜落にせよ、先送りにせよ、近代クラシックにおける曲の終わりは、常に形而上的な意味がある。終わりをどう作曲するか。そこにこそ作曲家の人生観のすべてが集約して現れてくるのである。しかるに前近代の作曲家の音楽で「終わり」はそんなに大した意味を持ってはいない。

例えばバッハの音楽の多くは、静かに消えていくという点で、シューベルトの《未完成》のような帰依型の終止と似ていなくもない。しかしそこには、近代音楽が知らない、さりげなさがある。淡々と、ふっと、消える。でも何かは変わらず続いていく。最近どういうわけか、こういう人間の小ささに思いを馳(は)せさせてくれる音楽に、とても惹かれる。

岡田暁生

おかだ・あけお
音楽学者。京都大学人文科学研究所教授、文学博士。1960年京都生まれ。著書に『オペラの運命』(中公新書・2001年　サントリー学芸賞受賞)、『西洋音楽史「クラシック」の黄昏』(中公新書・2005年)、『ピアニストになりたい！　19世紀もうひとつの音楽史』(春秋社・2009年　芸術選奨文部科学大臣新人賞受賞)、『音楽の聴き方　聴く型と趣味を語る言葉』(中公新書・2009年　吉田秀和賞受賞)、共著『すごいジャズには理由がある～音楽学者とジャズ・ピアニストの対話』(アルテスパブリッシング・2014年)、『メロドラマ・オペラのヒロインたち』(小学館・2015年) ほか多数。

ブックデザイン／亀井伸二 (STORK)
制作／苅谷直子、松田雄一郎
販売／窪 康男
宣伝／井本一郎
校正／小学館クォリティセンター
編集／河内真人

＊本書は、小学館発行『クラシックプレミアム』誌に平成26年1月から
平成27年11月まで連載された記事に加筆して構成したものです。

クラシック音楽とは何か

2017年11月25日　初版　第1刷発行
2019年2月10日　　　　第4刷発行

著　者　　岡田暁生
発行者　　清水芳郎
発行所　　株式会社　小学館
〒101-8001　東京都千代田区一ツ橋2-3-1
電話（編集）03-3230-5118
（販売）03-5281-3555
DTP　　株式会社　昭和ブライト
印刷所　　萩原印刷株式会社
製本所　　株式会社　若林製本工場

　ISBN978-4-09-388583-6